Mitos y leyendas de
DRAGONES

Prólogo, selección y adaptación de:
Máximo Morales

Ilustraciones de:
Fernando Molinari

Ediciones Continente

Corrección: Susana Rabbufeti Pezzoni
Diseño de tapa: Estudio Tango
Diseño de interior: Carlos Almar

Morales, Máximo
 Mitos y leyendas de dragones / Máximo Morales; ilustrado por Fernando Molinari. - 1a ed. - Buenos Aires: Continente, 2005.
 128 p.; 23x16 cm.

 ISBN 950-754-161-6

 1. Seres Mitológicos. 2. Dragones. I. Molinari, Fernando, ilus. II. Título
 CDD 398.245 4

© de la presente edición: **Ediciones Continente**
Pavón 2229 (C1248AAE) Buenos Aires, Argentina
Tel.: (54-11) 4308-3535 - Fax: (5411) 4308-4800
e-mail: info@edicontinente.com.ar

IMPRESO EN LA ARGENTINA
PRINTED IN ARGENTINA

Queda hecho el depósito que marca la ley 11.723

Reservados todos los derechos.
Este libro no puede reproducirse total o parcialmente, incluido el diseño de tapa, por ningún método gráfico, electrónico o mecánico, incluyendo los sistemas de fotocopia, registro magnetofónico o de almacenamiento y alimentación de datos, sin expreso consentimiento del editor.

Se terminó de imprimir en el mes de abril de 2005,
en los Talleres Gráficos Color Efe, Paso 192,
Avellaneda, Buenos Aires, Argentina

OFFICIALLY WITHDRAWN
NEW HAVEN FREE PUBLIC LIBRARY

Mitos y Leyendas de
DRAGONES

DATE DUE

SEP 1 7 2007			
MAR 6 4 2010			
NOV 1 6 2011			

GAYLORD — PRINTED IN U.S.A.

**FAIR HAVEN
BRANCH LIBRARY
182 GRAND AVE.
NEW HAVEN, CT
06513**

ÍNDICE

Prólogo 9

Thor y el Dragón Midgard 15
Marduk contra el Dragón Tiamat 23
El Pedido del Dragón 27
El Dragón de Tres Cabezas 31
Fraoch y el Dragón del Lago Negro 41
El Dragón de Wawel 51
El Dragón Doudou 55
Perseo y el Dragón 57
Jasón, Medea y el Dragón de la Cólquida 61
Hércules contra la Hidra de Lerna 67
El Caballero Tristán y el Dragón 71
El Dragón de Lombardía 77
La Cova del Drac 87
El Arcángel Miguel contra el Dragón 91
San Román y la Gárgola 97
San Narciso y el Dragón 103
Santa Marta y la Tarasca 107
Santa Margarita y el Dragón 113
San Jorge y el Dragón 117

Bibliografía 125

A los que sienten correr por sus venas la sangre mágica del dragón, pues son los poseedores del fuego de la pasión y las alas de la fantasía

A los valientes que se han enfrentado con el peor de los monstruos: su propio dragón interior, pues son los verdaderos héroes de la vida

M. M.

Dedico este libro a estos seres fabulosos, que al igual que los dinosaurios, han cautivado mi imaginación y me han acompañado desde mi infancia

F. M.

PRÓLOGO

Concepto de dragón

El dragón es un ícono de la épica y de la fantasía universales, puesto que su imponente figura se encuentra en las culturas de diversos pueblos que habitan nuestro planeta. Desde los chinos hasta los guaraníes; desde los egipcios hasta los filipinos; desde los australianos hasta los europeos...

La diversidad de dragones que pueblan los mitos y las leyendas populares es realmente impresionante; sin embargo, todos tienen una esencia en común que los distingue de otras criaturas fantásticas.

Diversas enciclopedias y bestiarios medievales nos legan un concepto muy simple de lo que es un dragón, ya que lo definen como "una serpiente de gran tamaño".

La palabra "dragón" proviene del griego *drákon* a través del latín *draco*, que también remiten al significado de "serpiente gigante".

Por mi parte, debo admitir que, al comienzo de mi tarea de búsqueda, investigación y recopilación de material sobre esta criatura fantástica, tan pronto como comprobé que esta definición era la más difundida, quedé un poco sorprendido, ya que no concordaba con mi idea de dragón proveniente del concepto medieval que se ha extendido en la cultura occidental gracias a las obras de fantasía como *El Señor de los Anillos* de J. R. R. Tolkien, *Mago de Terramar* de Úrsula K. Le Guin y la saga de *Harry Potter* de J. K. Rowling, sin olvidarnos, además, de las novelas, cómics y juegos de rol entre los que podemos mencionar al famoso *Dungeon and Dragons*.

La imagen medieval del dragón es la de una especie de dinosaurio con el cuerpo cubierto de escamas, dos o cuatro garras, gigantescas alas de murciélago que surgen de sus hombros o de su espalda, lengua bífida, cuernos en su cabeza, aguzados colmillos y aliento flamígero y/o venenoso.

Pero más tarde, al avanzar en mis lecturas acerca de los dragones de diversas procedencias, encontré en todos ellos algunas características físicas similares en varios aspectos y, sobre todo, una esencia común que recae no sólo en su forma de serpiente monstruosa –en la que varían ciertos detalles de su cuerpo, como por ejemplo, las alas, el aliento de fuego, la cantidad de cabezas, garras, etc.–, sino también en su carácter legendario de *monstruo imbatible* por excelencia.

Muchos héroes occidentales de la Antigüedad debían probar su valor venciendo al más peligroso y destructor de los monstruos: el dragón.

De Occidente nos llega, en efecto, el carácter simbólico del dragón como el representante del mal, del caos y de la destrucción.

Sin embargo, no todas las culturas consideran al dragón como el mayor monstruo maligno, como veremos a continuación.

Dragones de Oriente y dragones de Occidente

En realidad, se sabe que los registros de la cultura oriental son mucho más antiguos que los de la occidental, y en ellos encontramos también la figura del dragón, aunque su aspecto y su simbolismo son diametralmente opuestos a los que aún conserva la cultura occidental.

Para los chinos, por ejemplo, el dragón es una criatura inmortal de infinita sabiduría que trae las lluvias y el viento. En varias pinturas y grabados, esta sabiduría está representada en una perla que el dragón sostiene en una de sus garras.

Para un oriental encontrarse con un dragón es hallar la sabiduría total y última. Por eso, el trono del Emperador de la China es llamado El Trono del Dragón y a esta mágica criatura siempre se la asocia con las castas más altas.

Para los occidentales, en cambio, el dragón encarna todo lo maligno, irracional y caótico del mundo: devora seres humanos, exige sacrificios, destruye por placer, tiene raptos de furia en los que puede destruir todo y posee un tesoro que custodia celosamente.

Tal vez la idea del dragón custodiando el tesoro provenga, precisamente, de aquellos grabados orientales donde se lo ve sosteniendo una perla. Y entonces me hago una pregunta que no puedo evitar: ¿Por qué motivo una criatura inmortal y mágica, de profunda sabiduría y que detesta a los humanos, va a pasarse toda la eternidad encerrada en una cueva custodiando tesoros materiales que no le sirven para nada? Una respuesta posible es la de suponer que los dragones, así como aquellos seres capaces de obtener cierto nivel de sabiduría, también tendrán el poder del libre albedrío: los habrá agresivos, bondadosos, avaros, codiciosos de riquezas, etc. ¿O acaso, "guardar celosamente un tesoro" nos está hablando de otra cosa?

El dragón, en la cultura occidental, posee dos roles preponderantes: el de *guardián* terrible (de un tesoro, una fortaleza, un camino, una mujer, por lo general, una princesa bellísima, etc.; por lo tanto, el héroe que lo enfrenta va en busca de quitarle algo o rescatar a alguien, que están bajo el poder del dragón, y también para obtener su recompensa) y el de *destructor* (como un símbolo del mal que llega y arrasa con todo lo que encuentra a su paso; por lo tanto, el héroe debe detener al dragón para evitar perder todo lo que posee).

Acerca de los mitos y las leyendas

La palabra "mito" (del griego *mítos*, "hilo urdimbre" y luego "palabra, discurso público, conversación, noticia, fábula, historia, rumor, relato imaginado, mensaje" –también entendido éste como lo que los dioses comunican a los hombres–) y la palabra "leyenda" (del latín *legenda*, del verbo *legere*, "leer", que se traduce por "lo que *debe* ser leído", en el sentido de aquello que se lee para que quede una moraleja o enseñanza moral) se usan como sinónimos, pero, en realidad, no lo son. (De paso, observemos que, etimológicamente, mito alude a *la voz humana* y leyenda a *la lectura* del hecho relevante que se cuenta. Y bien podemos regresar con la imaginación a esos tiempos en que algunos hombres, parroquianos habituales o viajeros de paso, en un espacio público: posada, taberna, plaza del pueblo, etc., no sólo contaban historias de todo tipo, e incluso hasta a veces las cantaban acompañándose de algún instrumento, sino también, con frecuencia, solían *leer* en voz alta, para un auditorio de mayoría de analfabetos, alguna historia *legendaria* –es decir, un hecho asombroso y ejemplar, "digno de ser leído" y escuchado–, dado que tanto el mito como la leyenda se trasmitieron, al comienzo, en forma oral, como veremos más adelante.)

Los mitos refieren, por lo general, el nacimiento, vida y hazañas de poderosos dioses, semidioses y héroes creados por la imaginación prodigiosa del hombre antiguo, tan proclive al contacto existencial con la divinidad, y muchos de ellos constituyen una verdadera cosmogonía, es decir, una teoría sobre la creación del universo.

El mito es mucho más antiguo que la leyenda. Es una expresión de verdad absoluta por su propia concepción cosmogónica, algo sagrado que se remonta al alba de la humanidad.

La leyenda, por su parte, es una ficción, a veces alegórica. Tiene una fuerza creadora que queda impregnada en el pueblo que la forja, rigiendo su vida y su conducta. Narra, sobre todo, sucesos maravillosos y dignos de ser conocidos y acopiados en la memoria de una comunidad por generaciones. Existen también numerosas leyendas que explican, de manera mágica y aun poética, el origen de los fenómenos de la naturaleza (diluvios, árboles, ríos, montañas...). Del mismo modo como el mito, la leyenda es tradicional, folklórica, oral y popular, y no tiene autor ni un origen cierto.

Ahora bien, también puede suceder que antiguas leyendas populares y anónimas –rescatadas de la tradición oral y recreadas por un recopilador– o aquellas inventadas por la imaginación prodigiosa de un escritor, con nombre y apellido, terminen instalándose, en el imaginario colectivo, como verdades sagradas e inamovibles, es decir, como mitos. Tal es el caso, por ejemplo, de

El señor de los Anillos, saga en la que su autor "inventa" una historia, que luego "adoran" sus lectores, y que sucesivas ediciones, a lo largo del tiempo, transforman en leyenda, y que finalmente se convierte en mito (y es probable que lo siga siendo, incluso, para las futuras generaciones). Ésta es la razón por la cual en el film basado en la obra de Tolkien aparecen estas palabras: "*La historia se transformó en leyenda y la leyenda en mito*".

Es muy importante recalcar que tanto los mitos como las leyendas pertenecen a la tradición oral de los pueblos, por lo tanto, se trasmiten de boca en boca, generación tras generación. Ahora bien, posteriormente, al ser recopilados por distintas personas, de varias fuentes y a lo largo de los años, terminan produciéndose diferentes versiones de un mismo "hecho".

Las preguntas que se hace todo recopilador son: ¿Qué elegir entre tanto material? ¿Cómo elegir la mejor versión sobre un mismo episodio? ¿Cómo saber cuál es la versión más fiel al "hecho" que narra?

Nadie posee la virtud de saber cuál versión es más o menos válida que otra. Pero toda selección (como toda antología), al fin de cuentas, es una elección subjetiva y muy personal de quien la lleva a cabo. Por lo tanto, cada recopilador apelará a su propio gusto.

Acerca de este libro

El motivo que llevó a Ediciones Continente (y me impulsó a mí mismo) a realizar esta selección –ilustrada por Fernando Molinari, artista siempre convocado para esta colección por la creatividad y belleza de sus trabajos– fue, en primer lugar, el de publicar un libro que brindara a los lectores la mayor diversidad de dragones provenientes del acervo cultural de diversos pueblos del mundo, a través de relatos que los tuvieran como principales protagonistas. (Por lo tanto, se verá aparecer aquí una nutrida variedad de dragones: devoradores, voladores, de mar, de tierra, del infierno, etc.) En segundo lugar, la intención de rescatar aquellos mitos y leyendas que pudieran brindar el espectro más amplio de estas fantásticas criaturas. Sin olvidar, tampoco, incluir algunos relatos que pusieran de manifiesto las diferentes formas en que los héroes, a lo largo de la historia, han enfrentado y vencido a los dragones.

Y en cuanto a lo que correspondía a mi tarea específica, con el mayor de los entusiasmos y la mejor disposición intenté recopilar los mitos y leyendas que pudieran resultar más interesantes; *a posteriori* hice la selección de todo el material reunido, leyéndolo y estudiándolo detenidamente, y luego –en los casos en que existían distintas versiones de una misma leyenda– cotejé y fui entramando los textos para fundirlos en una sola versión, de forma de obtener la más "completa", pero no por eso la menos entretenida; es decir, he procurado recrear la historia original, para enriquecerla pero sin traicionarla.

Con respecto a las denominadas "leyendas cristianas", mi intención no es entablar un debate sobre si realmente sucedieron o no (éste es un tema que los teólogos tendrán que resolver). En mi carácter de recopilador y adaptador, así como también de cristiano que soy, trabajé para resaltar el aspecto más importante, a mi entender, de estas historias, que tratan de *la virtud de la fe*.

Sin más preámbulo, los dejo con la esencia de este libro: los mitos y leyendas de una de las criaturas mágicas más famosas de todos los tiempos. ¡Que los disfruten!

Máximo Morales

Thor y el dragón Midgard
Mito nórdico

Cuenta el mito que un día Thor, dios del rayo, del trueno y del relámpago, el más fuerte, valiente y ágil de los dioses escandinavos, hijo de Odín –el Zeus nórdico, creador de todas las cosas– y hermano del malvado Loki, vivió una aventura extraordinaria junto con su amigo gigante llamado Hymir, amo de las regiones árticas.

En esa oportunidad el poderoso Thor, acompañado por su amigo Tyr, había llegado, por primera vez, hasta la morada del gigante Hymir, que lo recibió con la mayor hospitalidad y lo invitó a compartir una opípara comida. Dado que los tres eran de muy buen comer y beber, se dieron un gran festín y se devoraron completos dos de los tres bueyes asados que habían sido servidos como plato principal. Al terminar tan brutal comilona, el gigante Hymir se quejó:

—Ya no tenemos qué comer, la despensa está completamente vacía, ¡vayamos a pescar!

El agasajado Thor, ante la invitación del gigante, no pudo menos que aceptar y decidió subirse a su gran embarcación. Los dos juntos, entonces, emprendieron un azaroso viaje por alta mar, siempre navegando hacia el norte mientras Tyr los miraba alejarse.

Luego de varios días de viaje el gigante detuvo la embarcación y dijo:

—Éste es un buen lugar para pescar.

Y sin decir ni una palabra más arrojó un anzuelo atado a un sedal a las gélidas aguas del Mar del Norte.

El poderoso Thor iba a hacer lo mismo pero se dio cuenta de que no tenía carnada; entonces, buscó con su mirada de ojos azules algo que le sirviera como sebo y decidió utilizar la cabeza del buey que había sobrado.

Al principio no ocurrió nada, pero de pronto el gigante Hymir sacó una gigantesca criatura, rica en carnes, y la depositó en cubierta.

—¡He pescado una ballena! —se jactó el gigante ante Thor, quien todavía no había sacado ninguna presa, y volvió a echar el sedal en las frías aguas, que se movían apacibles y con su ritmo natural.

El viento acariciaba los cabellos rubios del héroe, que permanecía, a su vez, a la espera ansiosa de la pesca.

De pronto, un nuevo tirón por parte del gigante Hymir sacudió el barco. Thor se dio vuelta y vio que su amigo depositaba otra ballena sobre la cubierta de la embarcación.

—¡Qué bien se pesca en este lugar! —exclamó el gigante burlándose del hijo de Odín.

El poderoso Thor, algo molesto, volvió a concentrar su mirada en las gélidas aguas del Mar del Norte, cuando, de pronto, algo mordió el anzuelo que sostenía y comenzó a tirar hacia abajo con una fuerza sorprendente. Sin perder ni un solo momento más, el dios se enrolló el sedal entre sus grandes y fuertes manos y tiró hacia arriba con todo su vigor. Por un instante pareció que la pesca iba a salir, pero el sedal volvió a hundirse y Thor, a pesar de todo su poder y su magnífica corpulencia, casi fue arrojado de la embarcación.

Hymir, ante tanto movimiento, sintió curiosidad, decidió abandonar su pesca y se acercó a ver lo que ocurría. Al aproximarse, vio que Thor colocaba los dos pies contra el borde de la embarcación de madera y comenzaba a tirar con todas sus fuerzas.

Poco a poco, el sedal fue emergiendo de la superficie de las aguas. Pero, repentinamente, volvió a hundirse con fuerza, y si no hubiera sido por el gigante Hymir, que sujetó a Thor entre sus enormes brazos, éste habría caído de cabeza en el mar.

Una vez repuestos los dos amigos y ya en equilibrio sus poderosos cuerpos, ambos comenzaron a trabajar para extraer a la superficie esa criatura que los había sorprendido por su tamaña fuerza y resistencia.

Mientras tensaba los duros músculos de sus piernas y brazos para pescar a la criatura –todavía invisible–, Thor dijo:

–Cuando saque este pez del agua, cortaré su cabeza y me la llevaré a Thrúdvangar, mi reino, y elegiré alguno de mis quinientos cuarenta aposentos de Bilskirnir, mi palacio, para exhibirla en una de sus paredes, y así podré contemplarla cada vez que me plazca y recordar siempre este glorioso día.

No bien había terminado de decir esas palabras, empezó a emerger de las aguas un monstruo en forma de enorme serpiente: un dragón marino. De su gran boca poblada de colmillos como púas pendía el hilo de pesca.

Hymir no perdió tiempo y, empuñando una daga, cortó el sedal rápidamente; entonces, el gran Thor cayó al suelo de la embarcación.

Pero el dragón no volvió a hundirse (que era lo que el gigante Hymir esperaba); por el contrario, rebosante de ira le clavó a Thor su penetrante mirada, capaz de helar la sangre del cuerpo de cualquier mortal; pero el dios resistió y logró sostenérsela por unos momentos con sus ojos flamígeros. De inmediato el dragón le arrojó una nube de veneno. En cuanto el dios del rayo sintió la ponzoña en sus pulmones, aguantó la respiración y, con su mano cubierta por el mágico guante llamado Iarn Greiper, hizo uso de su poderoso martillo llamado Myolnir* y lo descargó con furia sobre la inmunda cabeza de la criatura.

El gigante Hymir observó toda la pelea sujetando sus deseos de intervenir, pero no se atrevió a hacerlo pues el dios del rayo, del trueno y del relámpago se había transformado en un coloso de ira: el color rojo de su cabello estaba exacerbado como el cielo que anuncia la tormenta, de sus ojos se desprendían rayos ful-

---

* El martillo, que a veces toma la forma de hacha o de una maza, también recibe los nombres, entre otros, de Miölnir, Thrudhamar y El Triturador.

minantes y de su barba brotaban chispas como las de piedras de pedernal.

El dragón, retorcido de dolor ante el golpe del martillo y con su gigantesco cuerpo estremeciéndose sin cesar, intentó envolver al héroe con sus anillos, pero los furiosos golpes del hijo de Odín se lo impidieron.

Thor redobló sus fuerzas activando su cinturón mágico llamado Megin Giörd, que también podía hacerlo invisible; sin embargo, no usó esta propiedad pues deseaba enfrentarse con la bestia cuerpo a cuerpo.

El gigante Hymir, quien ya había reconocido al dragón, le gritó:

—Amigo, ¡cuidado! ¡Te estás enfrentando con la terrible Midgard!**

En efecto, aquel monstruo también era llamado "La Serpiente del Mundo", que vivía en el fondo del mar y provocaba grandes catástrofes destruyendo diques y asolando los campos cultivados y haciendo temblar la tierra y agitando las aguas.

A lo que el hijo de Odín le respondió en un rugido:

—¡Nada ni nadie podrá detener la furia de Thor!

Y al terminar de decir estas palabras asestó sobre la inmunda cabeza del dragón un terrible golpe de martillo que lo derrotó por completo y lo hizo hundirse en las gélidas aguas del Mar del Norte.

Thor sonrió satisfecho y, junto con su amigo gigante, emprendieron el viaje de regreso.

Desde ese día, el dios del rayo, del trueno y del relámpago vivió muchas otras aventuras, pero en ninguna de ellas volvió a enfrentarse al maléfico dragón.

A su vez —y a pesar de los terribles golpes que había recibido—, Midgard se había hundido en el mar pero no había muerto. El dragón sólo había sido derrotado y esperaba el momento de su venganza...

** El dragón también recibe los nombres, entre otros, de Midgardschlange, Weltschlange, Midgardsorm, Midgardsworm y Jörmungandr.

Y el momento llegó, ya que mucho tiempo después de ese primer encuentro entre Thor y el dragón, se desató una terrible y apocalíptica batalla que tuvo el nombre de Ragnarok, aunque también fue llamada "El Ocaso de los Dioses".

El malvado Loki –también hijo de Odín y hermano de Thor– reunió a los gigantes y monstruos del mundo. El gran lobo llamado Fenris*** logró romper la cadena que lo tenía sujeto y se unió al ejército.

Odín escuchó el llamado de la batalla y convocó a todos los otros dioses, y con ellos emprendió el camino a través del Arco Iris para enfrentarse a los espantosos enemigos.

Ya en plena lucha, Odín se enfrentó con el gran lobo Fenris. El siniestro Loki, con el gran Heimdal. El poderoso guerrero Tyr, con Garm, el perro de los infiernos.

Thor, por su parte, montó su carro de combate tirado por dos carneros barbudos, uno llamado Tanngnjóst y el otro Tanngrisnir, y se lanzó a la batalla. (El ruido que hacían sus ruedas al avanzar era como el del trueno.) Armado con su poderoso cinturón mágico, su guante y su martillo, enfrentó a gigante tras gigante y monstruo tras monstruo. Luego abandonó su carro, pues le impedía acercarse a sus enemigos cuerpo a cuerpo, avanzó a pie y continuó peleando, hundiendo cráneos y destrozando los cuerpos de aquellos que habían decidido enfrentarlo. Era terrible ver la furia de sus ojos, que despedían rayos y relámpagos, con los que también mataba a sus contrincantes.

Por su parte, el terrible dragón Midgard no había olvidado su enfrentamiento anterior ante el poderoso hijo de Odín y no dejó pasar la oportunidad de cobrarse su venganza. Entonces, emergió de pronto de las entrañas del mar y envolvió con su cuerpo a Thor, apretándolo con sus anillos, estrangulándolo cada vez más y contrayendo todo su cuerpo con tal fuerza que hizo temblar la tierra.

El héroe activó su cinturón mágico, que le redoblaba las fuerzas, y con su mano enguantada tomó su invencible martillo. Mid-

---

*** También recibe el nombre de Fenrir.

gard lo apretó con más fuerza aún pues sabía que, si Thor lograba blandir su arma mágica, estaría perdido.

Pero el dios del trueno apretó los dientes, y de sus ojos y de su barba empezaron a brotar chispas y relámpagos que caían sobre los anillos del dragón, que aún lo mantenía sujeto. Pero el monstruo no tenía intenciones de aflojar la presión.

Poco a poco el poderoso Thor comenzó a sacar su martillo de entre los anillos de la bestia que lo mantenían sujeto, y ésta, al ver que su fin estaba próximo, abrió sus gigantescas fauces y le escupió en la cara todo el veneno que tenía en su cuerpo hasta agotarse.

Pero el héroe resistió y, haciendo un último esfuerzo, por fin pudo liberar la mano que tenía el arma divina y le asestó con ella un golpe mortal a la cabeza de la serpiente, que no pudo más que aflojar la presión que ejercía sobre Thor. El hijo de Odín avanzó sobre el dragón y volvió a enarbolar su martillo, pero el maléfico ser fue más rápido y hundió sus aguzados colmillos rebosantes de veneno en el hombro del bravo contrincante.

Thor, soportando un inmenso dolor, volvió a descargar su martillo con furia y con tan terrible golpe que hizo estremecer toda la tierra y, a su vez, hundió la cabeza del dragón dentro del propio cuerpo de éste, que terminó cayendo fláccido cuan largo era.

Sin embargo, habiendo acabado de matar al feroz enemigo en bravo combate, Thor, el más fuerte, valiente y ágil de los dioses escandinavos, mortalmente herido, caminó nueve pasos y cayó muerto.

MARDUK CONTRA EL DRAGÓN TIAMAT
Mito babilónico

Seis antiquísimas tablillas, que contienen aproximadamente unos ciento cuarenta versículos, nos relatan la historia de la creación del mundo, según la cultura babilónica, es decir, la que se desarrolló en Caldea, en la baja Mesopotamia, región delimitada por los ríos Éufrates y Tigris.

Este poema de la creación recibe el nombre de *Enuma Elish* y se cree que fue escrito entre los siglos XIV y XVI antes de Nuestra Era.

En el principio, según estas tablillas, existían dos dioses: Apsu, que dominaba el agua y los abismos de la tierra, y Tiamat, una poderosa dragona que habitaba en el fondo del mar y poseía una fuerza incontenible.

Juntos se unieron como si fueran uno solo y engendraron a muchos dioses, entre ellos a Lahmu y Lahamu, luego a Anshar y Kishar, que superaron a los primeros.

Anshar engendró entonces a Anu, y Anu a Nudimmud.

Nudimmud era más fuerte, incluso, que su abuelo Anshar, y comenzó a vagar por el universo como si fuera el soberano de todos los dioses.

Apsu estaba enojado, pues no soportaba la conducta de sus hijos ni de los hijos de sus hijos, y se reunió con Tiamat para proponerle la destrucción de toda su descendencia.

A lo que la gran dragona le respondió:

—¿Crees que destruiré lo que ambos hemos creado?

Y entonces se distanciaron por mucho tiempo.

Pero Ea, el astuto, supo lo que Apsu tramaba y, acercándose a él, le arrojó un poderoso hechizo que lo sumió en un sueño profundo. Y cuando el gran dios estuvo completamente dormido, lo mató.

Pero en el corazón de Apsu un nuevo y poderoso dios fue engendrado. Su nombre era Marduk.

Tiamat, entonces –ya desde hacía tiempo sin la compañía de su consorte divino– se abrió las entrañas y dejó salir toda clase de criaturas horripilantes, monstruos y seres deformes que comenzaron a esparcirse por el mundo. La diosa madre se vengó, de este modo, enviando a sus hijos más poderosos y terribles a generar el caos. Una gran cantidad de monstruos comenzaron a atacar a los dioses, y éstos habrían encontrado su fin, si no hubiera sido por la decidida acción de Marduk.

En efecto, éste se presentó ante los dioses y les dijo que él se encargaría de destruir a todos los monstruos, si, a cambio, le entregaban el reinado del mundo.

Los dioses, a su vez, le propusieron una prueba para ver si era digno de tal poder. Le encomendaron que lograra sortear una constelación entera del cielo, entre ellos y Marduk.

El joven dios, entonces, habló y la constelación desapareció ante los ojos de todos los presentes, llegó hasta los dioses y él volvió a hablar y la constelación volvió a hacerse.

Los dioses, azorados, le entregaron el título de rey y Marduk se lanzó a combatir ese ejército de monstruos enviados por Tiamat.

Y así fue como, poco a poco, los fue destruyendo uno a uno. El nuevo rey montaba su carro, mientras utilizaba su maza y sus flechas mágicas que nunca erraban el blanco.

Mató a todos los monstruos hasta que sólo quedó viva Tiamat, la terrible dragona, cuyo poder era muy superior al de todos sus hijos juntos.

Grande fue el enfrentamiento entre Tiamat y Marduk, que conducía el carro de la tormenta. Combatieron por muchos días.

Él le arrojó todas las flechas que poseía, pero el cuerpo escamado de la diosa dragona soportaba el dolor de las heridas y trataba de apresarlo con sus anillos mientras le arrojaba fuego por sus fauces.

Entonces, Marduk le arrojó, a su vez, una red y la ató a los cuatro vientos. Pero la bestia le arrojó chorros de ponzoña desde sus entrañas. El héroe no cayó ante aquel ataque porque llevaba, entre sus ropas, una planta que lo hacía inmune al veneno y, siempre montado en su carro, comenzó a golpear a la terrible dragona con su maza.

Pero Tiamat era fuerte y seguía pegando sus terribles coletazos que hacían temblar la tierra. En un descuido de su contrincante, con un golpe feroz, arrojó a éste fuera del carro. Sin embargo, cuando Tiamat abrió la boca para devorarlo, Marduk le arrojó una flecha que le atravesó la garganta, le llegó al corazón y le desgarró las entrañas.

Tiamat cayó al suelo derrotada y Marduk le destrozó el cráneo con un golpe de su maza y luego partió el cuerpo de la dragona por la mitad. Una parte se transformó en la tierra y la otra en el cielo.

La sangre de Tiamat, que no dejaba de manar, corrió por la tierra y pronto cobró vida, muchas vidas... Es lo que hoy se conoce como *la raza de los hombres*.

EL PEDIDO DEL DRAGÓN
Leyenda china

Hace mucho tiempo, miles de años atrás en la historia, cuando el honor era el tesoro más preciado de los hombres, sucedió el hecho que se narrará a continuación.

En el gran imperio de la China había demasiados dragones, tantos que ya se hablaba de "peste". Estos animales fabulosos volaban en los cielos tal como lo hacen las águilas entre los rayos del sol.

La gente comenzó a perseguirlos para cazarlos y poco a poco, uno a uno, los dragones fueron cayendo derrotados. Sin embargo, la idea de la abundancia de dragones aún continuaba en las mentes de las personas, aunque ya hacía algún tiempo que no se veía ninguno, ni en las aguas, ni en el cielo, ni en la tierra.

Y fue por ese entonces que el Emperador de la China tuvo un sueño muy extraño y curioso. En aquellos tiempos se creía que los sueños eran el medio de comunicación por excelencia de los dioses y los espíritus. El Emperador sabía que estaba soñando, por lo tanto prestó mucha atención a lo que sucedía.

En el sueño, él caminaba por un hermoso parque lleno de árboles floridos. Los rayos del sol se colaban por entre el follaje y creaban cortinas de luz que el Emperador iba atravesando en su caminata. El trino de los pájaros era muy agradable y una leve brisa fresca parecía llenar sus pulmones de aire puro. El césped que pisaba era verde y blando, suave como la mejor seda, y una inmensa alegría crecía a cada paso en su corazón.

De pronto, de entre el medio de los árboles, una gigantesca cabeza le habló:

—Solicito su protección, honorable Emperador.

El hombre se detuvo y observó el rostro que le hablaba: ¡era un dragón! Sus colores parecían cambiar entre el rojo y el dorado, como si estuviera hecho de fuego y oro.

—¡Habla! —exclamó el Emperador.

—Solicito vuestra protección, ya que nunca hice daño en vuestras tierras; sin embargo, sé que mañana, antes que el sol se oculte, vuestro Primer Ministro me matará.

El Emperador no le preguntó al dragón cómo podía saber eso. (En la antigüedad la intuición del hombre era tanto o más respetada que sus acciones o pensamientos racionales.) También sabía que no podía dar su palabra, pues no podía poner su honor en juego ante la posibilidad de que el dragón estuviera tramando alguna argucia. Por eso, antes de responderle lo miró con detenimiento de arriba abajo un buen rato. Observó las largas barbas de la criatura, y sus cuernos, sus colmillos y su lengua bífida.

Nada de lo que el Emperador veía en esa criatura fantástica le daba la sensación de que ésta mereciera su protección, hasta que vio sus ojos. En aquellos ojos la sabiduría brillaba como los dorados rayos del sol.

—Tienes mi palabra —le dijo, entonces, el Emperador.

El dragón pareció sonreír y el Emperador despertó.

Inmediatamente mandó a llamar a su Primer Ministro, que llegó apurado. El Emperador lo miró de arriba abajo y le ordenó:

—Juega ajedrez conmigo.

—¿Aquí, honorable señor?

El Emperador pensó por unos instantes y finalmente dijo:

—En el jardín.

Los sirvientes dispusieron todo para la mayor comodidad de los dos hombres y pronto éstos comenzaron a jugar.

Ambos contendientes eran excelentes jugadores y meditaban muy bien antes de mover cualquier pieza. Y lo que en un principio era sólo un medio de mantener distraído a su Primer Minis-

tro para que no se cumpliera el vaticinio del dragón del sueño, luego se convirtió en un verdadero desafío para el Emperador y quiso derrotarlo en el juego.

En un momento, el Emperador tenía sus piezas en una situación riesgosa y se tomó su tiempo para elaborar la estrategia adecuada que le permitiera alzarse con la victoria.

Y de pronto, un gran golpe sacudió toda la tierra.

El Emperador miró de inmediato hacia el lugar desde donde parecía haber provenido semejante impacto y luego hacia el rostro del Primer Ministro, que acababa de abrir rápidamente los ojos, pues se había quedado dormido esperando la jugada de su señor.

Los guardias corrieron hacia el lugar del golpe, al que luego llegó el Emperador junto con su Primer Ministro. Y allí descubrieron, entre plantas aplastadas y árboles destrozados, un gigantesco dragón cuyo color variaba entre el rojo y el dorado. La descomunal criatura estaba muerta.

–¡Qué extraño! –comentó, en voz alta, el Primer Ministro–, recién acabo de soñar que mataba a un dragón igual a éste...

EL DRAGÓN DE TRES CABEZAS
LEYENDA CELTA

Había una vez un próspero reino costero en el que el grano crecía de tal modo como si hubieran sido plantadas tres semillas en lugar de una. Los animales se multiplicaban con la misma regularidad con que la noche sigue al día, y eran fuertes y hermosos y gordos.

Pero llegó un día en que se apareció por ahí un terrible dragón, "negro como la noche y grande como el mar" al decir de los habitantes. Pero lo más terrorífico era que no tenía sólo una cabeza, ¡sino tres! Y de cada una de sus bocas salía el aliento de la muerte y por su mirada podía infundir un pánico imposible de controlar.

El dragón se presentó ante el despavorido rey y le planteó una exigencia atroz: si no le era entregada la única hija de éste, arrasaría con todo el reino.

El rey cayó bajo el embrujo del terror de la mirada del dragón y accedió a sus demandas. Hizo traer a la bella princesa y la envió al pie de una verde montaña que se erguía junto a las costas del mar.

Y allí se quedó la desgraciada joven, sola, muerta de miedo y llorando por el triste final que la esperaba, mientras la tarde caía y el cielo se ponía rojo como la sangre.

De pronto, la muchacha vio que aparecía en la lejanía una figura voladora que se le iba acercando. Poco a poco, fue distinguiendo que se trataba de un joven hermoso, que llevaba armadura y yelmo del mismo color rojo sangriento del cielo. El jinete, montado en un bravo corcel también rojo, avanzó más aún y pisó tierra. Lo acompañaba un perro de caza del mismo color que el caballo.

El gallardo guerrero se detuvo junto a la joven y le preguntó:

—¿Qué sucede? ¿Por qué lloras? ¿Por qué estás aquí?

La princesa se secó las lágrimas de su bello rostro y, con una voz entrecortada por la angustia, le respondió:

—Mi padre me ha enviado aquí para que sea devorada por un terrible dragón que le impuso esa exigencia. De no cumplirla, la bestia inmunda ha prometido devastar completamente el reino.

—¡Yo te defenderé del dragón! —le dijo con palabras firmes el joven guerrero.

Acto seguido, el desconocido descendió del caballo y se puso a montar guardia junto a la joven.

El tiempo pasaba y el guerrero comenzó a sentir sueño, entonces, se acercó a la princesa, que estaba sentada sobre la tierra, y recostó la cabeza en el regazo de ella. Entrecerró los ojos y la joven comenzó a acariciarle los cabellos.

De pronto, el cielo se volvió negro como noche sin luna y las olas del mar empezaron a encresparse con furia. Y en breves minutos, se desató una terrible tormenta que comenzó a azotar el mar y la tierra como si fuera el fin del mundo.

Y entonces, entre las tumultuosas olas, emergió una pata gigantesca cubierta de escamas y se hundió en la arena mojada; luego, una segunda... De entre las olas salieron a la superficie un par de cuernos y, finalmente, una cabeza aterradora, en seguida otra más y por último una tercera.

El dragón de tres cabezas, ya completamente fuera del mar, se empezó a acercar hacia la pareja. Avanzaba despacio, porque las patas se le hundían en la arena húmeda debido al considerable peso de su cuerpo.

La princesa, aterrada, miró sorprendida al joven que seguía durmiendo plácidamente sobre su regazo, sin parecer que lo molestara ni la lluvia ni el viento ni el temblor de la tierra ni los rugidos de la bestia que se aproximaba.

Desesperada, ella lo despertó y, con premura, lo impuso de la situación peligrosísima en la que se hallaban. Él reaccionó y de un salto se puso de pie. Montó rápidamente sobre su brioso corcel volador y, con ánimo decidido, se aprestó al combate, inmune al terror que inspiraban la mirada de esos ojos terribles y la figura toda de esa bestia rugiente.

El dragón dio furiosas dentelladas, pero el joven, bien adherido a la montura de su caballo alado, las pudo esquivar hábilmente. El guerrero esgrimía su espada con certeza y la lucha se prolongó durante mucho tiempo.

La princesa observaba todo, alejada del escenario del combate, y temblaba y sufría inmensamente ante cada acometida del dragón; y cada vez que su salvador lograba herir al monstruo, ella respiraba aliviada y aplaudía con esperanzado entusiasmo.

La batalla continuó hasta que el joven guerrero logró, de un tajo, cortar una de las cabezas del maléfico dragón. La bestia, rugiendo de dolor y furia con las fauces de las otras dos cabezas, se retiró lentamente. El héroe puso pie en tierra y se quedó observándolo hasta que su derrotado contrincante se internó en la profundidad del mar.

La doncella se acercó hacia su salvador para agradecerle lo que acababa de hacer por ella, pero el joven montó sobre su rojo caballo volador, tomó altura y se perdió en la inmensidad de los cielos.

La princesa, exhausta y desconcertada por la actitud de tan valiente caballero, tomó con aprensión la cabeza sin vida, que el dragón había abandonado en la arena, y la escondió bajo una pila de rocas que se encontraban al pie de la montaña verde. Y luego, a paso rápido, regresó a su castillo, sin ningún sentimiento de rencor hacia su padre, sino esperando ver la alegría reflejada en sus ojos y en los de toda la gente del pueblo.

Pero, en cuanto empezó a acercarse al castillo, no vio otra cosa que el miedo en los rostros de las personas con las que se iba encontrando por el camino.

Los sirvientes, al verla llegar sana y salva, corrieron a darle la noticia a su señor.

Su padre la recibió rápidamente envuelto en un manto de pánico.

—¿Qué haces aquí, hija?

—¡Oh!, padre mío... —exclamó ella, a su vez, tendiéndole los brazos y estrechándolo contra su pecho unos instantes, para decir enseguida, entre lágrimas emocionadas—: un joven valiente llegó volando de los cielos montado en un caballo de color rojo, venció al dragón y me ha salvado, padre, ¡me ha salvado!

—¿Pero qué... qué es lo que dices?

—El guerrero rojo ha cortado una de las tres cabezas del monstruo. Y aquí estoy, contigo otra vez, padre mío, como antes... ¡Viva yo y a salvo tu reino!

El padre, separándose de los amantes brazos de la hija, reflexionó un momento y luego le dijo unas palabras que ella jamás hubiera esperado escuchar:

—Eso significa que el dragón no ha muerto. Y si el guerrero que tú dices no te ha acompañado hasta aquí es porque se marchó para siempre. Pero el dragón volverá, y si tú no estás allí, arrasará con todo nuestro querido reino. ¡Debes regresar inmediatamente!

—¡Pero... padre!

—Si el dragón no está muerto aún, cumplirá su amenaza. ¡Regresarás!

La princesa, con un nudo de hierro en la garganta, bajó la cabeza apesadumbrada y vencida. Salió del castillo para regresar al pie de la fatídica montaña, pero esta vez, escoltada por los soldados del rey, que la abandonaron no bien llegaron al lugar indicado y regresaron de inmediato al castillo.

Ya era de noche.

La princesa tenía el corazón destrozado y lloraba lágrimas de profunda amargura, porque no podía creer lo que le había hecho su propio padre.

De pronto, una brisa fresca pareció acariciarle los cabellos. Ella levantó su dulce mirada de hermosos ojos enrojecidos por el llanto y la puso en el cielo nocturno plagado de estrellas bajo la regencia absoluta de la luna. El espectáculo de ese cielo estrellado la distrajo unos instantes de su dolor y su tragedia. En un momento, le pareció que una de esas estrellas se acercaba a la Tierra... Y entonces, la joven deseó que en esa estrella viniera su salvador para rescatarla por segunda vez.

Esa luminosidad se fue acercando velozmente y, a medida que se fue aproximando a la princesa, ésta vio que, en efecto, se trataba del mismo joven, aunque en esta oportunidad vestía una armadura plateada y volaba montado sobre un caballo blanco como la leche. En su mano portaba una filosa espada en la que se reflejaba el brillo de la diosa Luna.

El caballo se posó suavemente sobre la tierra verde, el galante caballero se bajó de su montura y acercándose a la muchacha la saludó con una reverencia:

—Hermosa princesa, ¿qué haces nuevamente aquí?

La princesa rompió a llorar, pero haciendo un esfuerzo supremo se sobrepuso y le explicó:

—Volví a mi castillo y le conté lo sucedido a mi padre, pero como el dragón no está muerto, él teme que regrese y cumpla con su amenaza, por lo que me ha enviado nuevamente aquí para que sea devorada por la horrible bestia.

—No sufras ni llores. Ten por seguro que el dragón no te hará daño alguno.

Y sin decir más se puso a montar guardia a su lado.

El tiempo pasaba y el sueño comenzó a vencer al plateado guerrero. Recostó la cabeza en el regazo de la joven doncella y entrecerró los ojos, mientras ésta le acariciaba los cabellos tal como lo había hecho antes.

En cuanto el hombre se quedó dormido, un manto de oscuridad total cubrió la luz de la luna y de las estrellas. El mar se embraveció y con sus olas batió con atronadora fuerza las rocas de la costa.

Pronto apareció nuevamente el dragón, pero esta vez se mostraba mucho más furioso que la primera. El cuello de la cabeza cercenada pendía lánguido entre sus patas.

La princesa empezó a temblar de pavor y despertó al guerrero, que se montó rápidamente en su caballo volador y le presentó pelea a la bestia.

Ambos contendientes usaban todas las armas y estrategias que estaban a su alcance, pero ninguno lograba hacer mella en el otro. La doncella real seguía con angustiosa atención toda la pelea sin poder creer lo que veían sus ojos.

Finalmente el valiente guerrero logró abrir un hueco en las defensas del dragón, que lo atacaba con sus dientes, garras y cola, y pudo cortarle una segunda cabeza de un solo tajo.

La bestia pegó un aullido estridente y en un rápido movimiento giró y comenzó a retirarse, hasta que se internó en las encrespadas olas del mar.

La princesa corrió al encuentro de su salvador, pero éste se alejó volando y pronto se perdió en la oscuridad de la noche.

Ella tomó la segunda cabeza del dragón, la llevó al lado de la primera que había escondido y las ató entre sí por sus barbas, para volver a ocultarlas bajo las mismas rocas.

La princesa regresó al castillo de su padre. Esta vez, tan pronto le dieron el aviso y mucho antes de que ella llegara al salón principal, el rey, sin el menor gesto de amor paternal, la interceptó y le ordenó:

—¡Debes regresar ya mismo!

—¡Pero... padre mío! El dragón ha perdido su segunda cabeza, no va a volver.

—Sí, lo hará, y tú debes estar allí como le he prometido. ¡Quédate a la orilla del mar y no te atrevas a regresar aquí!

La princesa fue escoltada nuevamente por los soldados del rey, que la dejaron al pie de la colina verde, frente al mar.

La inocente muchacha lloró mucho más que antes, pues la fría y tajante orden de su padre la había herido mucho más de lo que podía herirla ningún dragón del infierno.

La noche se fue retirando de a poco, dejando paso a la claridad de un nuevo amanecer. El aire se tornó más fresco y los pájaros comenzaron a piar. Una brisa cálida le reconfortó el rostro y a la princesa, que no había cesado de llorar, entrevió que un rayo de sol se acercaba hacia ella. Se secó las lágrimas con sus dos manos para ver mejor y al mirar nuevamente reconoció al joven caballero, que regresaba "para rescatarme —pensó ella, con alegría— ¡una vez más!".

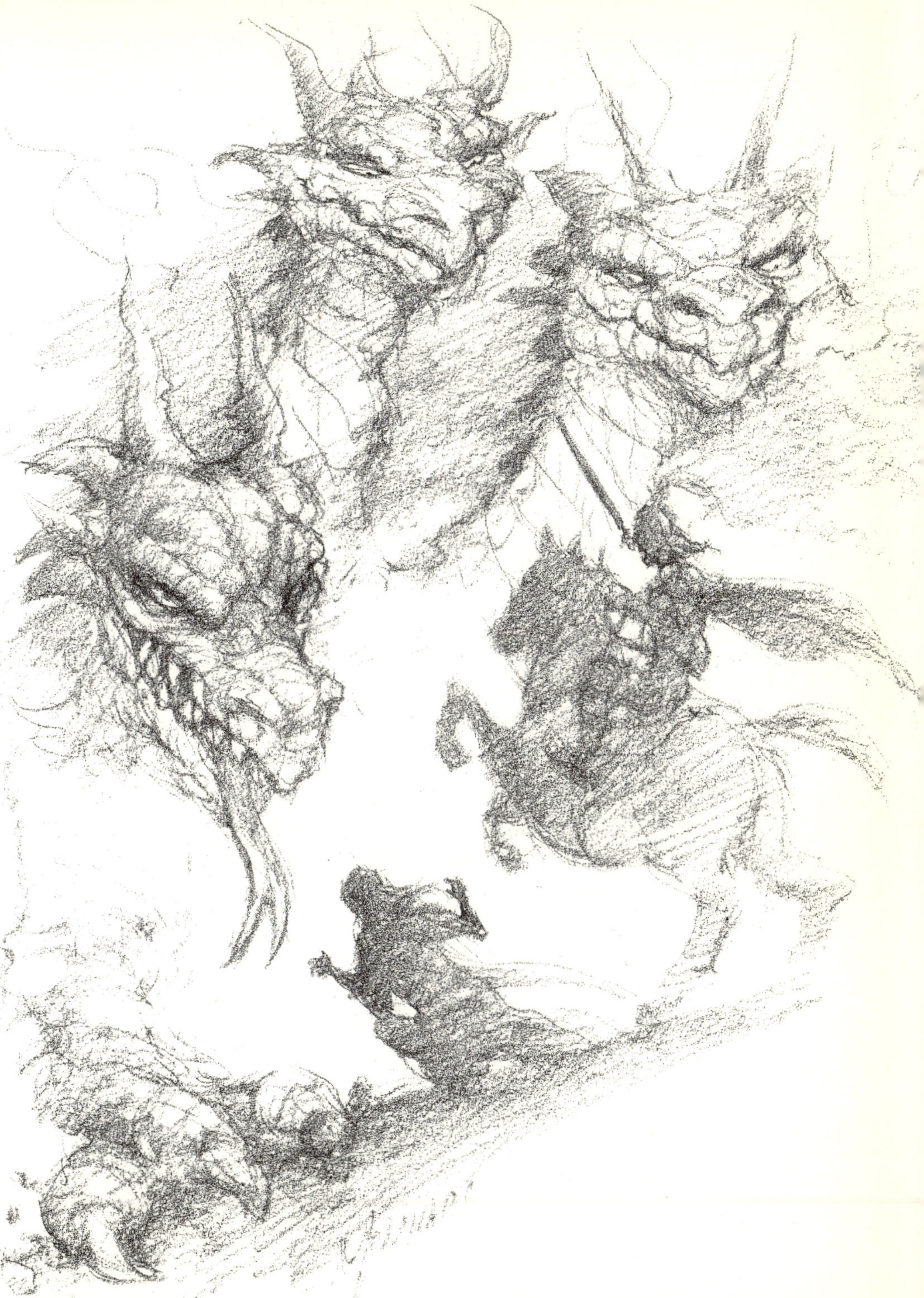

Pero en esta ocasión su bravo corcel volador era del más puro color amarillo y su armadura tenía el color verde de los campos en primavera. En su mano el jinete portaba una espada hecha de luz solar.

El caballo se posó suavemente en tierra y el guerrero desmontó y se aproximó a la muchacha.

—No temas, dulce princesa. El dragón, ahora, sólo tiene una cabeza; si se atreve a aparecer, lo mataré de una vez por todas.

La princesa sonrió y agradeció su actitud. Al rato, él se quedó dormido en su regazo mientras ella le acariciaba los cabellos.

De pronto, los pájaros se callaron y se produjo un silencio sepulcral. La oscuridad comenzó a adueñarse de los cielos y las olas del mar comenzaron a agitarse y a romper con furia contra las rocas de la costa.

Entonces, por tercera vez, hizo su aparición el maléfico dragón. Y, a pesar de tener sólo una cabeza, parecía más poderoso y terrible aún que antes.

La princesa despertó al guerrero y éste montó velozmente su brioso caballo volador y se lanzó al ataque.

El dragón trató de derribarlo, ya desde el inicio mismo del combate, con un golpe de su cola escamada, pero falló; luego intentó atraparlo con sus filosas garras, pero el caballero las eludió y, a su vez, las golpeó con el filo de su espada lumínica.

La bestia estiró su cuello y atacó con feroces dentelladas, pero el impecable caballo amarillo logró esquivarlas sin dificultad.

El guerrero esperó el momento apropiado y finalmente lanzó un certero tajo con su espada de luz y cortó la tercera y última cabeza del dragón.

Un rugido agónico barrió con la oscuridad del lugar, y a medida que la vida se escapaba del cuerpo de la bestia, el mar iba volviendo a su ritmo habitual. Por último, cuando el cuerpo del dragón cayó sin un solo hálito de vida, se transformó en un charco de agua y formó un círculo en la arena de la playa.

La princesa corrió hacia su salvador, pero, tal como había sucedido en las ocasiones anteriores, el héroe se marchó volando y pronto se perdió en los inmensos cielos celestes, confundiéndose con un rayo más de sol.

La doncella arrastró la cabeza del dragón por la costa, la ató por las barbas a las otras dos y volvió a esconderlas bajo un montón de rocas.

Y regresó al castillo de su padre, quien salió inmediatamente a recibirla.

–No puedes enviarme nuevamente a morir, porque el dragón yace muerto.

–Si es como tú dices, entonces podrás mostrarme sus restos.

–Acompáñame a la costa y tus mismos ojos lo comprobarán.

La princesa, el rey, toda su corte y una gran cantidad de caballeros del reino partieron del castillo y pronto llegaron a las orillas del mar, al pie de la montaña verde donde había tenido lugar la terrible batalla.

El rey y los caballeros comprobaron que, en efecto, el dragón estaba muerto.

–Dime, hija mía –dijo el rey –, ¿has visto el rostro de tu salvador?

A lo que la doncella respondió:

–No, padre, la primera vez vestía armadura y yelmo rojos como la sangre. La segunda vez tenía armadura y yelmo plateados, y la última vez tenía una armadura y yelmo de color verde.

De uno en uno por vez, algunos de los caballeros de la corte le fueron diciendo al rey que habían sido ellos quienes habían dado muerte a la terrible bestia.

La princesa escuchaba, indignada, las mentiras que llegaban a sus oídos, porque ella estaba convencida en su corazón de que ninguno de esos hombres había sido su salvador y gritaba desacreditándolos por sobre el rugido del mar y las palabras de todos los presentes.

–Sólo aquel de vosotros que logre desatar los nudos con los que até las tres cabezas del dragón, es el que las ha cortado.

El primero de los caballeros se acercó haciendo gala de sus armas y armaduras que brillaban ruidosamente al son de sus metales, pero no pudo desatar los nudos por más que lo intentó con todas sus fuerzas.

El segundo también dio un paso al frente haciendo gala de su porte de caballero, pero falló como el primero.

Y así fueron pasando todos los caballeros, hasta que al final ninguno pudo desatar las tres cabezas unidas del dragón.

Cuando todos y cada uno de los caballeros ya había realizado su intento apareció volando el guerrero desconocido, montado sobre su hermoso corcel. De a poco, fue descendiendo suavemente hasta que los cascos de su caballo se posaron sobre la arena de la playa. El bravo jinete desmontó y caminó erguido hacia el lugar donde se encontraban las tres cabezas anudadas del dragón. Con un rápido movimiento de sus diestras manos deshizo los nudos y las tres cabezas rodaron unos metros sobre la arena.

–¡Él, él es mi salvador! –gritó la princesa y empezó a correr con los brazos abiertos a su encuentro.

El héroe la recibió abriendo los suyos, a su vez, y la estrechó contra su formidable pecho al mismo tiempo que la besaba apasionadamente.

Entonces, los caballeros mentirosos se retiraron derrotados y el rey le dio, ahí mismo, la bendición a la feliz pareja para que se uniese enseguida en matrimonio.

FRAOCH Y EL DRAGÓN DEL LAGO NEGRO

Leyenda celta

Había una vez, hace mucho tiempo, una princesa tan bella y hermosa como las flores en primavera. Su voz era una melódica combinación de los trinos de los pájaros con el murmullo de los arroyos. Su piel era suave como la seda y sus ojos parecían dos estrellas refulgentes en la noche de su oscuro cabello.

Fraoch era un guerrero formidable que no le tenía miedo a nada ni a nadie. Sus brazos eran musculosos y sus ojos tenían la profundidad del cielo. Había vivido muchas aventuras y visto muchas cosas increíbles, pero no estaba preparado para enfrentarse con lo que habría de sucederle.

El día en que el joven Fraoch encontró a la mujer más hermosa de toda su vida había salido a cazar –su deporte favorito– montado en su brioso corcel y munido de su arco labrado y su viejo carcaj lleno de flechas.

Una tarde esta princesa había salido a dar un paseo por el bosque y a recoger algunas bayas silvestres. Pues ella sólo hallaba verdadera alegría en medio de los árboles y no entre los muros fríos y desnudos del castillo en el cual vivía.

Y el destino quiso que los caminos de ambos jóvenes se cruzaran.

El valeroso Fraoch estaba persiguiendo un venado cuando, de pronto, sintió el canto más dulce que jamás hubo escuchado; entonces, abandonó la persecución de su presa y agudizó sus sensibles oídos, que le indicaron el lugar de donde provenía aquel canto celestial. Comenzó a aproximarse lentamente y pronto vio una hermosa silueta, casi oculta entre las verdes hojas del espeso follaje.

La muchacha sintió sobre ella una insistente y penetrante mirada, decidió callar y se puso a observar a su alrededor tratando de encontrar qué animal o persona la miraba de esa forma. Y entonces descubrió, entre medio de las tupidas ramas y troncos del bosque, al joven cazador.

El noble Fraoch había conocido, en el transcurso de sus aventuras, a muchas doncellas hermosísimas, pero la mujer que tenía ante sus ojos las superaba a todas, y ahora, en el distante recuerdo, aquellas le parecían casi feas y sin gracia.

Por lo tanto, no pensándolo dos veces, se bajó del caballo y caminó decididamente hacia ella, sin dejar de mirarla ni por un solo momento.

La dulce princesa no pudo soportar esa mirada de varón y se sintió tan avergonzada que sus mejillas se ruborizaron de golpe; entonces, con un rápido movimiento de su mano, se cubrió los ojos con su cabello negro, como si hubiera temido que ellos develaran ante el desconocido el rubor de su alma también.

Sin embargo, Fraoch no detuvo su marcha, pues la timidez de la muchacha había enardecido aún más su deseo y ansiaba con vehemencia besar aquella boca de labios deliciosos, rojos y apetecibles. Siguió aproximándose hasta que se detuvo frente a ella. Le sonrió, haciendo una reverencia, y a continuación, intentando mantener la compostura, le dijo:

—La hermosura del bosque palidece a tu lado. Todos los hombres pasan toda su vida buscando a la mujer ideal y yo he recibido la gracia de los dioses, porque te he encontrado.

La princesa volvió a sonrojarse visiblemente, pero sin poder evitar sonreírle a tan locuaz desconocido.

—Eres hombre, y un guerrero y un cazador, por lo visto. ¿Cómo puedo estar segura de que lo que me dices es la más pura verdad y no sólo un comentario galante más de los que, seguramente, acostumbran salir de tus labios?

El joven guerrero comprendió que se hallaba no sólo ante una mujer hermosa sino también rápida de mente y palabra. Sin dejar de sonreír le respondió:

–Porque soy un hombre de honor, porque nunca miento y porque todo lo que de mí dependa te lo daré, si tú me lo pides.

La muchacha quedó sorprendida por la respuesta del guerrero y éste, a su vez, prosiguió diciendo:

–¿Qué puedo hacer por ti, bella princesa? ¿Cómo puedo demostrarte que mi amor a primera vista y mi súbita devoción por ti son de la clase más pura?

La muchacha se tomó su tiempo para pensar y finalmente dijo:

–He salido de mi castillo para pasear y recoger algunas bayas silvestres; sin embargo, me han dicho que existe un árbol que posee las bayas más rojas y deliciosas que hombre alguno probó jamás. Se dicen que son mágicas...

El joven Fraoch, ansioso, la interrumpió diciendo:

–Si te regalo esas bayas, ¿creerás en las palabras de mi corazón?

–No habría mejor manera de demostrarlo –repuso rápidamente ella.

Ambos sonrieron mientras se miraban a los ojos. El valeroso guerrero, entonces, le volvió a preguntar:

–¿Y dónde crece el árbol que posee estas bayas exquisitas?

–Dicen las ancianas que, del otro lado del Lago Negro, existe un árbol que contiene muchas bayas rojas y mágicas durante todas las estaciones del año.

–Pues ¡por mi honor, promedo traerte esas bayas para que besen tus hermosos labios!

Los dos jóvenes quedaron, entonces, en encontrarse en el castillo de la princesa. El valeroso Fraoch regresaría con las bayas rojas y la dulce princesa accedería a casarse con él.

Sin perder tiempo, el ágil jinete montó sobre su caballo y partió al galope hacia el famoso Lago Negro.

Anduvo muchos días y muchas noches hasta que, finalmente, llegó hasta el lugar donde lo aguardaba, del otro lado del lago, el árbol que contenía no sólo las bayas rojas mágicas prometidas a su amada, sino también la llave de su futura felicidad junto a ella.

El joven Fraoch se apeó del caballo y ató las riendas de su montura a unos matorrales que crecían en el borde junto a un árbol de la orilla. Agudizó su vista y por fin distinguió, en la otra orilla del lago, el ansiado árbol, tan cargado de bayas rojas, que estaba doblado y parecía una persona que estuviese haciendo un terrible esfuerzo por sostenerlas.

Miró luego las aguas oscuras del lago, que permanecían en la más absoluta calma, observando que, por lo visto, ni los insectos se atrevían a perturbar aquellas aguas tan mansas.

El valiente Fraoch miró hacia un lado y hacia el otro y no descubrió bote o embarcación alguna. Tampoco ninguna casa, cabaña o refugio. Nadie vivía a la orilla de ese lago y para llegar al otro lado debería hacerlo nadando.

Y fue en ese momento, en el preciso instante en que posó su profunda mirada sobre las oscuras aguas, cuando sintió que los recuerdos se agitaban en su mente y en su corazón. Recuerdos antiguos que creía olvidados para siempre. Su madre... su madre le había dicho algo una vez...

Y de pronto recordó las exactas palabras que ella había pronunciado hacía ya muchos años, cuando él era aún pequeño:

"La druidesa que te ayudó a nacer tuvo una visión y me ha revelado tu *geis**: nunca nades en aguas oscuras."

Un escalofrío recorrió todo su cuerpo, que era tan blanco como la nieve más pura. Y por un momento, por un instante tan pe-

---

* El antiguo término celta *geis* (en plural, *geasa*) define un temido hechizo muy difundido en Irlanda, que involucra una prohibición, una obligación o ambas cosas a la vez. Constituye un símbolo de la tradición shamánica, que revela el alcance de los rituales druídicos. Como prohibición puede impedir cualquier cosa, desde comer un determinado alimento hasta usar un color de ropa. Como obligación constituye un deber ineludible y coacciona bajo pena de responder, de otra manera, ante los dioses. En la mayoría de los mitos, cuentos y leyendas de la cultura celta, los más grandes guerreros reciben un *geis* que, en algún momento de su vida, deben quebrantar, encontrando de esa forma su fin.

queño como el ojo de una mosca, Fraoch dudó. Pero al recordar la hermosura de la mujer que lo recibiría con sus brazos abiertos para convertirse en su esposa, toda duda se desvaneció de su mente y de su corazón.

Y entonces, sin perder un solo momento más, Fraoch se internó en las aguas oscuras contra todo *geis* y por amor.

La aparente calma del Lago Negro se rompió de golpe, mientras el guerrero comenzaba a avanzar con soltura y determinación por ellas y aún haciendo pie. Las ondas concéntricas que empezaron a producirse sobre la superficie, en el medio del lago, pronto se fueron extendiendo hasta envolverlo por completo.

Y la bestia despertó.

En su infinito letargo, el dragón que vivía anudado entre las raíces del árbol de las mágicas bayas rojas sintió la perturbación en el agua. Abrió sus monstruosos ojos verdes y vio al intruso que se aproximaba a través del agua y de la oscuridad.

Comenzó a desplegar sus anillos y a prepararse para atacar al intruso, a aquel que deseaba, seguramente, quitarle los frutos del árbol que tanto amaba y que durante tanto tiempo había cuidado.

Fraoch, muy a su pesar, ya avanzaba despacio y dificultosamente porque el agua del lago era demasiado densa y casi le llegaba hasta el cuello. Sin embargo, él continuó caminando decidido hacia su objetivo, hasta que no hizo pie y, entonces, comenzó a nadar.

De pronto, su instinto de guerrero le advirtió del peligro inminente. Desenfundó la espada y se quedó muy quieto y expectante.

El dragón, a su vez, se movía lentamente, casi de manera imperceptible, pero el agua no pudo evitar agitarse un poco alrededor de sus anillos y las tenues ondas se expandieron.

Fraoch visualizó, de pronto, esas nuevas ondas en el agua. "Algo" se estaba aproximando hacia él con una lentitud atemorizante... Giró su espada en el aire y colocó la filosa punta hacia abajo, mientras tomaba la empuñadura con ambas manos. Inspiró profundamente y esperó el momento oportuno, el momento en el cual "eso" que todavía avanzaba por debajo del agua y se acercaba a él estuviera a su alcance.

Fue entonces cuando hundió su espada con todas sus fuerzas en las negras y espesas aguas del lago.

Por cierto, una monstruosa criatura habría de ser la que chilló de eso modo espantoso, cuando la larga y filosa hoja se enterró en ella haciéndola retorcerse con un espasmo tan grande, que se extendió por todo su cuerpo y llegó hasta su extremo, ése que aún permanecía anudado a las raíces del árbol.

Fraoch, que aún no divisaba claramente a la bestia, escuchó que el tronco del árbol de bayas crujió como quien se quiebra de dolor y lo vio inclinarse aún más sobre las oscuras aguas.

Entonces, retorció la espada en el cuerpo de la bestia –aún sumergida–, hasta que ésta asomó de pronto, mostrando sus filosos dientes y clavándole una feroz e insoportable mirada con sus ojos verdes, brillantes y amenazadores.

El joven guerrero supo que el daño que le había infligido al dragón no lo había lastimado lo suficiente, sólo lo había enfurecido aún más, pues el tamaño de aquel monstruo superaba en mucho lo él que había podido llegar a imaginar.

El dragón lanzó, entonces, varias dentelladas que Fraoch esquivó apenas por muy poco. Rápidamente, el joven se recuperó de su estupor y volvió al ataque atravesando el cuerpo de la fabulosa criatura con su espada en varias partes.

La bestia comenzó a retroceder hacia el árbol y a desplegar, allí, el resto de su cuerpo para atrapar al guerrero entre sus anillos.

En un momento, Fraoch sonrió, en un gesto de alivio, al ver que la criatura retrocedía ante sus embates, y continuó combatiendo y avanzando sobre ella y hacia el árbol.

Pero de pronto, el joven guerrero se sintió atrapado: los anillos del dragón lo habían envuelto como una enredadera carnívora y lo apretaban para intentar hundirlo en el lago. Y la cabeza de la bestia, entonces, se levantó sobre el agua y volvió a mirarlo con esos terribles ojos verdes.

Fraoch sacó todo el aire de sus pulmones abruptamente y aprovechó el momento en que los anillos aflojaron la presión en

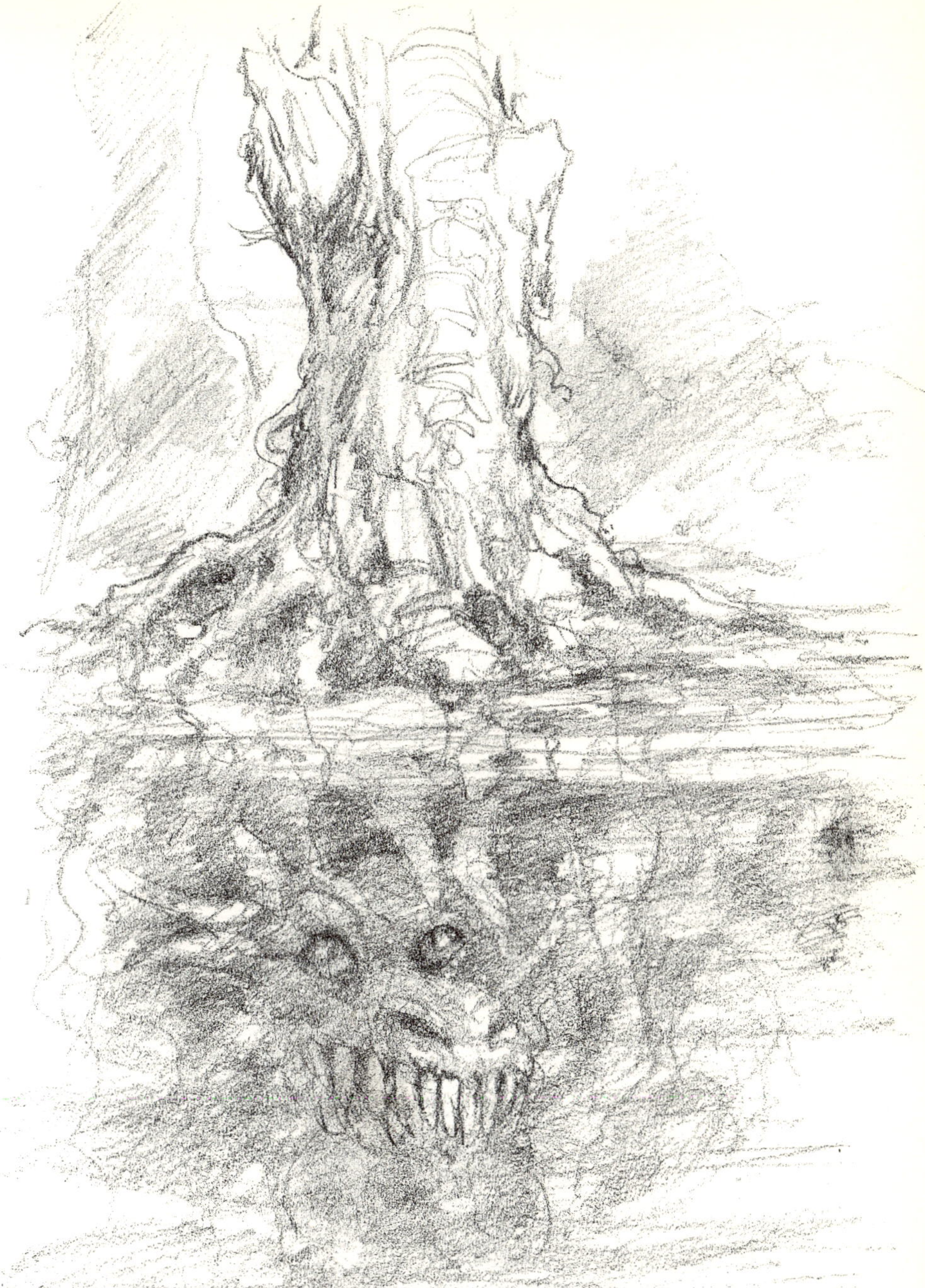

su cuerpo para tomar la daga que pendía de su cintura. Cuando el dragón volvió a apretar, la daga se hundió en su carne. El monstruo aflojó y volvió a apretarlo variando la posición, pero la daga volvió a hundirse en su cuerpo otra vez. Y cuando la bestia intentó, por tercera vez, esa estrategia letal, Fraoch ya había recuperado el aliento y el manejo de su espada, y en seguida pudo efectuar dos nuevas punciones entre los anillos de la bestia.

El dragón, muy malherido, se replegó y Fraoch avanzó decididamente, combatiendo con su espada y su daga. Llegó junto al árbol y el dragón se guareció entre las raíces sin dejar de dar, a su vez, dentelladas que no lograban alcanzar al héroe.

En un momento, Fraoch atacó con los filos de sus dos armas y con tal furia, que terminó cortando a la bestia, el tronco, las ramas y las raíces del árbol.

En cuanto el dragón vio lo que el humano le hacía a su protegido de las bayas rojas se levantó de súbito y terminó por arrancar de cuajo al viejo árbol, que cayó al lago de aguas oscuras, hundiéndose inmediatamente.

Fraoch, que manejaba la espada de la manera más hábil, acometió contra la maléfica criatura sin darle respiro.

El dragón sintió que su fin estaba próximo, por lo que recurrió a sus poderes mágicos y, de pronto, desapareció.

El joven guerrero buscó, en vano, a su enemigo por todos lados. La superficie del lago negro estaba tranquila y las únicas ondas que se movían en la superficie eran las que su propio cuerpo provocaba.

Pero de pronto, un olor nauseabundo atacó sus fosas nasales impidiéndole casi respirar. Las aguas corruptas que lo rodeaban se volvían cada vez más espesas y el valiente enamorado debía realizar cada vez mayores esfuerzos para mantenerse a flote.

El miedo comenzó a atenazar su alma. Enderezó hacia la orilla y recomenzó a nadar con denuedo, pero con cada brazada el agua se hacía más y más pesada y pestilente. Y de pronto se dio cuenta de que esas aguas entre las que se movía no eran naturales, pues parecían tener vida... ¡Era el dragón!

"La maldita bestia ha utilizado su antigua magia" —pensó para sí el valeroso Fraoch.

Empuñando su espada una vez más, empezó a golpear y a cortar con furia las espesas aguas del Lago Negro, pero allí donde el filo del arma cortaba no había nada más que la sustancia acuosa y ésta se separaba y volvía a unirse sin dilación.

Entonces llegó el fatídico momento en que el cansancio se apoderó del cuerpo del muchacho, sus músculos y sus reflejos comenzaron a fallarle, los movimientos de las piernas y de los brazos para mantenerse a flote se volvieron cada vez más lentos e ineficaces y, finalmente, empezó a hundirse.

Pero no se entregó, pues mientras se hundía soltó la espada y puso todas sus fuerzas físicas y anímicas en volver a la superficie para aspirar una bocanada de aire puro. A duras penas lo consiguió, pero no pudo flotar por mucho tiempo porque las pestilentes aguas negras pronto volvieron a ejercer una terrible presión sobre él y lo arrastraron hacia lo hondo.

Fraoch ya no tenía energía, sus vigorosos miembros no le respondían y, bajo las aguas, la presión del dragón de cuerpo acuoso se hizo mayor aún.

El joven apretó, entonces, los dientes dejando escapar un resoplo que se transformó en una cadena de burbujas que emergieron a la superficie con una lentitud mortal. E hizo un último intento para no morirse en otro lugar que no fueran los brazos de su adorada princesa, pero no lo consiguió.

El cuerpo del guerrero, blanco como las nubes de un cielo de verano, se hundió para siempre en los abismos del Lago Negro.

EL DRAGÓN DE WAWEL

Leyenda polaca

Cuenta esta leyenda que cientos y cientos de años atrás, existía un terrible dragón que tenía su morada al pie de unas colinas llamadas Wawel, en el país que hoy se conoce con el nombre de Polonia.

La horrible bestia tenía sumida a toda la región en el terror y en la más honda de las penas, pues no sólo devoraba ganado en grandes cantidades, sino también a hombres, mujeres y niños.

Muchos fueron los caballeros que trataron de matarlo. La gente, al ver pasar a estos valientes, los saludaba desde las ventanas y les arrojaba flores. Ellos avanzaban enhiestos en sus brillantes armaduras y sus relucientes corceles. Pero ninguno de estos caballeros regresaba, pues el dragón los mataba a todos. Uno por uno, sin tregua y sin compasión.

Algunos temerarios y también algunos curiosos acompañaban a estos valerosos hombres cuando partían rumbo a la batalla contra la horrenda bestia, pero antes de que los contendientes se encontraran frente a frente, los acompañantes se bajaban de sus caballos y, apostándose en un lugar seguro, eran testigos de lo que allí ocurría.

Hubo ocasiones en que, antes de que los caballeros hubieran desenfundado sus espadas, el dragón los barrió con su aliento de fuego calcinándolos de tal forma que hasta fundió sus armaduras.

Advertidos de esto, otros caballeros, más rápidos y fuertes aún que los anteriores, cargaron contra el dragón con sus largas lanzas, pero éstas terminaron partiéndose contra las duras escamas negras que recubrían el cuerpo del poderoso monstruo.

Ante tantos intentos fallidos en la empresa de aniquilar a esa maldita bestia de los infiernos, el rey se desesperó, pues ya llevaba perdidos a muchos de sus más fuertes y valientes caballeros. Hizo uso, entonces, de la última esperanza que le quedaba y mandó a los heraldos a difundir una noticia a los cuatro vientos, que decía textualmente:

*Aquel que mate al dragón se casará
con la Princesa, mi hija.*
Firmado: *Vuestro Rey*

Algunos dicen que cientos, otros dicen que miles. Lo cierto es que muchísimos caballeros llegaron a las tierras del rey y se presentaron ante él. Cada uno de ellos se declaraba como el caballero que vencería al poderoso dragón, y luego partía con el corazón y el ánimo dispuestos y su penacho al viento, mientras el sol brillaba sobre su armadura y las armas se iban envalentonando con cada galope del caballo y con el entrechocar de metales. Pero ninguno de esos hombres regresaba con vida.

El rey se sumió en la pena y la princesa en una angustia infinita, pues no sólo nunca se casaría, sino que el reino quedaría completamente devastado en poco tiempo, si alguien no detenía al dragón.

Krak era un joven zapatero que vivía en el reino. Era inteligente, muy trabajador y soltero. A medida que iban pasando los días, iba pergeñando distintas formas de destruir al dragón, pero su madre lo desalentaba.

–¿Cómo harás tú para vencer allí donde los más valientes caballeros han fallado?

Krak sabía que su madre tenía razón y que él no debía realizar ninguna locura, pero cuando se enteró de que el rey entregaría la mano de su hermosa hija a aquel que lograra matar al dragón, enseguida se le ocurrió una manera eficaz de hacerlo.

—Madre, prepara la torta más grande y más dulce que jamás hayas hecho, pues con ella mataré al dragón.

—¡Hijo mío, no hagas una locura, no quiero perderte!

—No me perderás. ¡Será el dragón quien pierda la vida!

—Hijo, quédate en casa trabajando, no cometas una imprudencia.

—Madre, el dragón devora gente y pronto no habrá nadie a quien remendarle los zapatos.

La madre hizo lo que el hijo le había pedido y preparó un gran pastel cubierto de azúcar y caramelo. La vieja mujer había usado todo el contenido de su despensa para prepararlo.

(Ahora bien, en este momento de la leyenda hay dos versiones sobre el contenido del pastel: algunos dicen que el muchacho colocó sulfuro en su interior, y otros dicen que ahuecó el pastel y lo llenó de cal viva.)

Lo importante, sin embargo, es consignar aquí que el joven muchacho llegó con el pastel muy cerca de la morada del dragón. Allí vio que un árbol crecía con una rama retorcida y sobre ésta colocó el pastel, que por fuera tenía una apariencia y un aroma exquisitos, pero cuyo contenido era letal.

El dragón, que siempre tenía un hambre insaciable, pronto sintió el aroma tentador de tan apetecible comida y salió ávidamente en su busca. Al llegar al árbol la engulló de un solo bocado, con rama y todo.

El sulfuro (o la cal viva) comenzó a producir su efecto en el interior del estómago del dragón, que corrió hasta las aguas del río Vístula y allí sumergió la cabeza para sorber todo el agua que pudiera de una sola vez.

Pero cuando el agua le llegó al estómago, la reacción se produjo. Y la enorme bestia, que según cuenta la leyenda había triplicado su tamaño a raíz de los numerosos caballeros que había devorado, explotó con un gran estruendo.

El rey, al tomar conocimiento de la muerte de la bestia, se puso muy contento y se sintió inmensamente feliz, pues no sólo se acababan de liberar del dragón, sino que también él, por su parte, entregaría en matrimonio su querida hija a un empeñoso, astuto e inteligente muchacho.

EL DRAGÓN DE WAWEL 53

Mucho tiempo después y tras la muerte del viejo rey, el príncipe consorte Krak fue elegido monarca de Polonia.

Todavía hoy se recuerda esta leyenda, y en honor a aquel gran zapatero, su capital fue bautizada con el nombre de Cracovia.*

---

* La palabra Cracovia es una traducción de la palabra Krakow que deriva, a su vez, de Krak.

EL DRAGÓN DOUDOU

LEYENDA BELGA

Había una vez un terrorífico dragón al que le fascinaba raptar doncellas para luego devorarlas. La gente le había dado el nombre de Doudou y le temían como a la maldad misma, pues muchos caballeros habían procurado vencerlo y habían muerto en el intento.

El horrible dragón Doudou aterrorizaba a la población tanto de la región de Mons como de Wasmes y nadie se encontraba a salvo.

Algunos decían que la maléfica criatura parecía mimetizarse con el ambiente y que, por lo tanto, era imposible de ser vista, hasta que caía con todo el peso de su cuerpo sobre la pobre doncella que había elegido como víctima y ahí mismo la apresaba en su gigantesca boca poblada de filosos dientes y se la llevaba a su madriguera secreta para luego devorarla.

La angustia y el terror se habían apoderado de los corazones de todas aquellas gentes. Pero un día tuvieron una esperanza de alivio con la llegada y las palabras de un noble caballero investido en armadura de combate. Su nombre era Gilles de Chin.

El hombre se detuvo en el centro de la plaza pública y en voz alta y firme anunció que acabaría con la horrenda bestia. De inmediato, partió al galope en su caballo, ante el admirado asombro de todos los presentes.

Gilles de Chin buscó a la inmunda criatura por muchos días, hasta que por fin descubrió su madriguera, penetró y avanzó sin hacer ruido. Dio apenas unos pasos y la vio. Allí estaba el terror del pueblo destrozando el cadáver de quien había sido, a todas luces, una hermosa muchacha. ¡Le estaba arrancando las entrañas!

El audaz caballero no perdió tiempo y desenfundando su espada se lanzó contra el monstruo y consiguió herirlo.

El dragón, sorprendido, abandonó el cadáver y retrocedió todo lo que pudo, mientras daba terribles dentelladas a su agresor, que lo esquivaba con enérgica habilidad.

El filo de la espada, al principio, parecía no dañar a la bestia, puesto que estaba protegida por una coraza natural de escamas endurecidas, pero el atacante no cejaba en su intento y descargaba su arma una y otra vez, hasta que comenzó a dañar a la bestia haciéndola sangrar por numerosas heridas.

El dragón aulló con un sonido estremecedor y finalmente murió. Pero semejante guerrero no iba a abandonar tan rápidamente el cuerpo de enemigo tan colosal y siguió golpeándolo hasta que lo descuartizó por completo.

Una vez terminada su hazaña, cortó la cabeza del dragón de un solo tajo de su espada y regresó al pueblo con ella. En el centro de la plaza pública Gilles de Chin la exhibió como señal de que su dueño, que había aterrorizado a todos los habitantes de esas tierras, acababa de morir, y como trofeo de su propio anuncio cumplido.

Aún hoy se conserva la cabeza de dicho dragón (aunque algunos refutadores de leyendas dicen que se trata de la cabeza de un cocodrilo de grandes proporciones) en un sitio de honor en la ciudad de Mons.*

---

* También hay que destacar que esta leyenda tiene tanta trascendencia que, cada año, se celebra en Mons una fiesta que recibe el nombre de Lumecon, en la que se recuerda la muerte del dragón Doudou. La bestia es representada por medio de un gran títere de madera manejado por hombres desde su interior (a semejanza del épico caballo de Troya).

PERSEO Y EL DRAGÓN
Mito griego

Cefeo era un monarca que reinaba en la misteriosa tierra de Etiopía y tenía por esposa a la bella Casiopea y una hermosa hija, ya en edad de casarse, llamada Andrómeda.

Casiopea, que era muy vanidosa, solía jactarse de su belleza y de la de su hija. Pero cierta vez fue demasiado lejos: se atrevió a decir públicamente que Andrómeda era mucho más hermosa que las Nereidas, las ninfas de las aguas. Y eso era algo que ninguna mujer podía pronunciar sin recibir un castigo terrible de Poseidón, el poderoso dios griego de los mares. Y éste se vengó, en Andrómeda, de la osadía de Casiopea, pues condenó a la joven a ser atada a una roca para ser devorada viva por un monstruo marino. Esta condena era inapelable y, si no se cumplía, todo el reino sería destruido.

Entonces la inocente Andrómeda fue cubierta con las joyas más exquisitas del reino, llevada a la orilla del mar y atada a una roca. Atravesada de angustia y llena de terror, quedó a la espera de su trágico e injusto final. Cefeo y Casiopea se encerraron en su palacio para no ver el sufrimiento de su amadísima hija. A su vez, implacables emisarios de Poseidón permanecieron en la orilla para testificar cómo se cumplía la sentencia. Pero apareció Perseo y el atroz castigo del dios del mar no habría de infligirse.

En efecto, Perseo, hijo del dios de los dioses, Zeus, y de una hermosa mujer mortal llamada Dánae, hija del rey de Argos, acababa de petrificar al gigante Atlas con la cabeza de la monstruosa Medusa, a la que previamente había decapitado él mismo, y venía volando montado en su caballo Pegaso. Luego de pasar por el jardín de las Hespérides, atravesó un largo desierto y desde las alturas vio las torres de una ciudad junto al mar. Decidió, entonces, bajar a tierra para que tanto él como su alado y blanco caballo pudieran descansar un rato. Y cuando ya estaba cerca de la orilla, vio, horrorizado, el cuerpo desnudo y hermoso de una muchacha –que parecía desmayada– atada a una gran roca negra.

Por la calidad y cantidad de joyas que cubrían el cuerpo de la joven, Perseo comprendió que debía de ser hija del amo del lugar y, de inmediato, montó su caballo y se dirigió hacia el palacio que se divisaba no lejos de allí y, en cuanto desensilló, pidió hablar con el rey.

Cefeo, con cara transida de dolor, aceptó recibir al forastero. Éste se presentó y enseguida le preguntó:

–¿Por qué hay una muchacha desnuda atada a una roca?

–Esa joven es mi hija, la bella Andrómeda, y la he tenido que entregar en sacrificio y por castigo divino a un maléfico dragón. Este monstruo, que aparecerá de un momento a otro, devorará a mi hija o, de lo contrario, arrasará a todo mi reino.

–Si mato al dragón... ¿me concederás la mano de tu hija?

–Si matas al dragón, te entregaré a mi hija de buen grado.

Sin perder ni un solo momento más, Perseo montó sobre su brioso Pegaso y partió volando hacia los arrecifes.

Al llegar junto a la bella muchacha se quedó unos instantes embelesado por el armonioso contorno de su cuerpo.

–¡Andrómeda, Andrómeda...! –le gritó desde su caballo, hasta que la joven entreabrió los ojos–: Soy Perseo, hijo de Zeus. No temas. Mataré al monstruo antes de que se te acerque y vendré a rescatarte.

Pero en ese momento surgió de las aguas una criatura tan horrenda como jamás el héroe había visto en su vida, que clavándole sus ojos rojos y terribles, se lanzó al ataque con una dentellada feroz.

Perseo animó a Pegaso y éste pronto esquivó esa primera brutal acometida del dragón. El desafiante guerrero se dio cuenta de que el monstruo era más grande de lo que esperaba y que sólo con la fuerza de sus brazos no sería suficiente para vencerlo. Así es que invocó la protección de una diosa:

—¡Atenea, ayúdame a matar a este dragón!

Y sin esperar respuesta voló rápidamente para esquivar las dentelladas y los golpes de cola de la horrible bestia acuática.

Era tan continuos y feroces los ataques del dragón, que Perseo, entonces, activó su casco de la invisibilidad (que había obtenido de la diosa Hera) y comenzó a arrojar sus flechas mágicas al cuerpo anillado del monstruo. Todas las flechas que disparaba daban en el blanco; sin embargo, el dragón era tan enorme y resistente, que no lograban hacerle demasiado daño.

El héroe, entonces —y siempre con su casco de la invisibilidad puesto—, desenfundó su hoz dorada y se lanzó al ataque dando tajos aquí y allá. La horrible bestia daba dentelladas al aire ya que no podía ver a su atacante.

En un momento, Perseo retrocedió subiendo hasta las nubes y desde allí se lanzó con toda la fuerza de la que era capaz y logró cortar al dragón en varias partes de su monstruoso cuerpo. La sangre de la bestia comenzó a manar abundantemente y las aguas del mar se tiñeron de color escarlata.

Perseo persistió un rato más en su ataque, mientras el dragón cada vez reaccionaba con mayor lentitud. La últimas dentelladas de la bestia fueron muy débiles e ineficaces y entonces ésta se dio cuenta de que se estaba muriendo. No obstante, se volvió hacia la hermosa princesa, que aún continuaba amarrada a la roca, en un desesperado intento por cumplir su horrenda misión. Pero el héroe se dio cuenta y con su hoz de oro y toda su furia le cortó la cabeza y la mitad del cuerpo que asomaba del agua.

El dragón rugió con un último grito agónico, hundiéndose en las aguas, y desapareció para siempre.

Perseo descendió con su caballo sobre los arrecifes, desmontó y se apresuró a desatar a la joven. Una vez libre, la princesa apretó su tembloroso cuerpo contra su musculoso salvador y lo besó.

Cefeo cumplió, después, su promesa, y Perseo y Andrómeda se casaron y tuvieron varios hijos.

Jasón, Medea y el dragón de la Cólquida
Mito griego

Jasón era hijo de Esón* y Alcimedea. Siendo todavía un niño de pecho, murió su padre, y Pelias, el hermano de Esón, ocupó el trono. Su madre hizo que lo criara, secretamente, el centauro Quirón, quien, con el correr de los años, lo fue entrenando en todas las artes del combate.

Llegado a la edad adulta, Jasón regresó a su reino a reclamar el trono. Y se presentó con una lanza en cada mano y una sola sandalia.

Pelias se hallaba realizando un ritual y el corazón se le paralizó cuando lo vio, pues el oráculo lo había advertido del hombre con una sola sandalia.

Jasón reclamó el trono, pero Pelias —astuto como pocos— lo persuadió de que acometiese la conquista del famoso vellocino de oro (que poseía propiedades mágicas: aseguraba la salud, la felicidad y la prosperidad), pensando que, dado lo difícil de la empresa, no regresaría con vida.

La historia acerca del vellocino refiere que Frixo y su hermana Hele, hijos del rey de Beocia, habían tenido que huir de su mal-

---

* Algunas versiones lo nombran Eesón y también Aesón.

vada madrastra y escaparon montando un carnero, cuya piel era completamente de oro puro y que había sido regalado por el dios Hermes. Pero en el medio del viaje Hele cayó al agua y no se supo más de ella.

Frixo llegó al reino llamado Cólquida, junto al Mar Negro, muy lejos de Grecia. Allí lo recibió el rey Eetes,** le dio la bienvenida y le entregó en matrimonio a su hija mayor llamada Calsíope. Frixo, muy contento, sacrificó el carnero a los dioses y le entregó la piel de oro, el vellón, al rey Eetes.

El viejo monarca, temeroso de que alguien alguna vez pudiera quitársela, la colgó de una rama del árbol más alto del bosque, un roble consagrado al dios Ares, y dejó en custodia un poderoso dragón que jamás dormía.

Por lo tanto, Jasón, habiendo aceptado ya con verdadero entusiasmo la propuesta de Pelias, mandó construir el barco más fuerte que jamás se hubiera visto en todo el mundo conocido.

Nació, entonces, el *Argos*, un barco indestructible de cincuenta remos hecho con madera de Pelión, aunque la pieza de proa era de encina procedente de Dodona, del bosque consagrado al dios Zeus. Esta pieza fue proporcionada por la diosa Atenea y tenía el don de la palabra y de la profecía.

Pero el *Argos* necesitaba tripulación y entonces fueron convocados los más grandes héroes de Grecia. En aquella empresa se embarcaron: Hércules, Calais, Cetes, Cástor, Pólux, Idmón, Idas, Linceo, Heracles y Tifis, entre muchos otros.

Todos estos grandes guerreros fueron llamados, entonces, "argonautas", los tripulantes del *Argos*.

Luego de correr muchas aventuras, en las que algunos de los argonautas dejaban la nave para seguir su propio destino, Jasón llegó a las tierras de Cólquida.

El rey Eetes le dio la bienvenida y Jasón le dijo, sin rodeos, que había llegado a esas tierras para llevarse el vellocino de oro, pues pertenecía a Grecia.

** Algunas versiones lo mencionan como Ectes y también Aetes.

El monarca no quería entregar tan preciado tesoro, pero no le negó el pedido; sin embargo, lo impuso de la dura prueba que debía pasar para hacerse con aquella piel dorada y mágica.

—Deberás atar los toros de cascos de cobre y que exhalan fuego por la boca, un regalo del dios Hefesto, y les pondrás el yugo. Una vez que estén listos deberás arar este campo —dijo el rey mostrando una gran extensión de terreno— y plantar las semillas que te daré.

Todos comieron y bebieron y se retiraron a descansar.

Pero en la quietud de la noche una figura hermosa se acercó a Jasón, éste despertó y ella le puso un dedo en los labios.

El argonauta quedó impresionado ante tan bella mujer, que tenía los ojos dorados como el mismo sol y cuyos cabellos caían en cascada con el mismo brillo que sus ojos.

La muchacha no era otra que Medea, otra hija del rey Eetes, que había caído presa de amor por Jasón en cuanto lo vio y, por supuesto, no deseaba que muriera. Ella había sido entrenada en las artes de la magia por Hécate y tenía una solución para cada problema que planteaba la prueba; sin embargo, antes de revelarle esas soluciones, le hizo prometer a Jasón que la haría su esposa y que la llevaría a Grecia. Él se lo prometió.

—No dudo de tu fuerza, Jasón, y podrás ponerle el yugo a esos toros, pero el fuego te calcinará, a menos que uses este ungüento que yo misma preparé.

Y sin decir más le pasó el filtro por todo su cuerpo, sin descuidar ni un solo lugar de su piel.

Luego Medea agregó:

—Las semillas que te dará mi padre no son lo que parecen, sino que son dientes del dragón de Tebas, y en cuanto termines de sembrar, de cada diente surgirá un guerrero armado. Deberás arrojar una piedra entre ellos para que se peleen, pues son muy belicosos y pelearán por cualquier tontería y no repararán en ti.

Jasón agradeció a la bella muchacha y al día siguiente se presentó ante el rey Eetes.

La prueba comenzó y el joven héroe se internó en las pasturas buscando los terribles toros. De pronto sintió que el suelo temblaba ante los cascos de bronce y, al darse vuelta, vio al toro más grande que jamás había visto, que tenía los ojos enardecidos de furia y arrojaba fuego por su boca.

Jasón, inmune al fuego gracias al ungüento de Medea, tomó el toro por las astas y lo obligó a hincarse por la fuerza, pero cuando lo estaba logrando sintió otro resoplido. Se volvió sin soltar al primer toro y vio al segundo, tan grande como el primero, que cargaba contra él, también expulsando fuego por su boca.

El argonauta aguardó sin temer, y cuando el toro iba a atravesarlo con sus cuernos, giró, y lo atrapó. Y así terminó sujetando los dos toros por los cuernos, uno en cada mano.

Una vez sometidos, ponerles el yugo no le causó ninguna dificultad, y luego Jasón comenzó a arar la tierra y a arrojar las extrañas semillas en los surcos recién abiertos. Al finalizar su tarea, se paró cerca de una piedra, pues sabía que los dientes de dragón "germinarían" de un momento a otro.

La escena fue aterradora, pues de la nada, de las mismas entrañas de la tierra, surgieron unos horribles guerreros cadavéricos, que portaban armaduras, escudos y armas.

Jasón no perdió tiempo y arrojó una piedra entre ellos.

Los guerreros se volvieron con sed de sangre y comenzaron a pelear por la piedra. Y a medida que se golpeaban y sus cuerpos se destrozaban, el número de ellos iba disminuyendo hasta que sólo quedó uno, al que Jasón atravesó con su lanza sin perder tiempo.

Después de tamaña hazaña, Jasón y los argonautas comieron, bebieron y se fueron a descansar.

Pero nuevamente Medea entró en el aposento donde dormía Jasón, lo despertó y le dijo:

—He oído en secreto las conversaciones de mi padre con sus hombres de confianza; planea matarte y también a todos tus compañeros e incendiará el *Argos*.

—¡Pelearemos! —dijo Jasón furioso.

—¡No!, debemos irnos ahora mismo.

—No me iré sin aquello que he venido a buscar. No me iré sin el vellocino de oro.

—Ven conmigo al bosque y juntos lo tomaremos.

Jasón despertó a los argonautas y les dio la orden de preparar el barco en secreto.

En el medio de la noche, Jasón y Medea corrieron por el espeso bosque en busca del vellocino de oro.

De pronto lo vieron, colgado y clavado a un roble muy alto. La plateada luz de la luna brillaba sobre el vellocino haciendo refulgir su color dorado.

Pero cuando Jasón se disponía a trepar al árbol escucharon un silbido que les erizó la piel. Allí, en la oscuridad de la noche, un par de ojos rojos como carbones encendidos comenzó a acercarse a ellos.

Y, sorprendentemente, Medea comenzó a cantar.

Jasón miraba a la hermosa mujer y no podía creer los efectos de su canto, pues el inmenso y terrible dragón amainó sus movimientos y, poco a poco, empezó a quedarse dormido.

Jasón aprovechó la oportunidad y comenzó a treparse por aquel árbol para rescatar el vellocino de oro.

El dragón hizo un intento para romper el hechizo, entonces Medea se le acercó y le hizo aspirar una pócima que llevaba en un pequeño frasco.

Jasón seguía trepando y casi podía tocar el vellocino.

El dragón volvió a hacer fuerza y estiró las patas.

Entonces Medea tomó una rama de enebro y, pronunciando un sortilegio, tocó la cabeza del dragón y éste se derrumbó en un profundo sueño.

Jasón bajó del árbol con la preciada piel y ambos corrieron al *Argos* que ya estaba preparado para partir.

Hércules contra la Hidra de Lerna
Mito griego

El poderoso Hércules —nombre latino de Heracles— era hijo de Zeus, el dios supremo del Olimpo, y de una hermosa mortal llamada Alcmena, que estaba ya casada con Anfitrión. Estando éste ausente y luchando, Zeus tomó su forma para seducir a Alcmena; de esta manera se engendró al héroe. Anfitrión aceptó de buen grado a Hércules, a pesar de que no era hijo suyo, pues lo consideraba un regalo de los dioses. Pero la diosa Hera, esposa de Zeus, ardía de celos por el hijo que éste había tenido con una mortal.

Ya desde su tierna infancia Hércules demostró su poderosa fuerza aniquilando con sus pequeñas manos dos serpientes enviadas por la diosa Hera para matarlo.

Transcurrido el tiempo, el medio hermano de Hércules, llamado Euristeo, asumió el trono de Micenas ayudado por las artimañas de la diosa Hera, cuyo odio por Hércules no había menguado en absoluto. Así fue que el rey Euristeo, por orden de Hera, pero también porque él lo odiaba con toda la furia de su negro corazón y deseaba que cayera muerto, le encargó a Hércules realizar doce trabajos imposibles, que el héroe, desde luego, llevó a cabo con éxito.

Capturar ciervos y jabalíes salvajes, desviar ríos, combatir contra leones... Todos los trabajos fueron difíciles, pero según cuenta el mito, el más difícil fue el de dar muerte a la famosa Hidra de Lerna.

La Hidra de Lerna era un terrible dragón que habitaba en una cueva próxima a una ciénaga, un apestoso pantano nauseabundo que se encontraba cerca del río Amimona.

El poderoso Hércules llegó al inmundo lugar y prendió un fuego para poder encender las flechas con las que obligaría a salir de su cueva a esa bestia que venía cometiendo toda clase de atrocidades desde tiempo inmemorial.

Cuando la Hidra salió de su habitáculo, Hércules no podía creer lo que veían sus ojos, pues por momentos la asquerosa criatura tenía siete cabezas, después nueve, luego como cincuenta...

Al ver a Hércules, el dragón aulló con todas sus cabezas y se lanzó sobre él para destruirlo enseguida.

El forzudo hijo de Zeus sabía que la sangre del maléfico dragón podía matarlo con el solo contacto sobre su piel, pero eso no lo atemorizó y, tensando su arco, le disparó varias flechas, pero las aguzadas puntas resbalaban por la piel viscosa del monstruo, sin herirlo. Entonces se lanzó al ataque golpeándolo con su imponente maza, pero tampoco ésta hizo mella en él. Le quedaba probar con la espada. Y Hércules empezó a cercenar con ella las cabezas de la Hidra. Grande fue su sorpresa cuando vio que arrancaba una cabeza y del lugar del corte surgían dos nuevas, y a medida que iba pasando el tiempo, en lugar de vencer a la bestia, la estaba haciendo más fuerte y terrible.

La Hidra de Lerna le arrojaba nubes de veneno que salían en forma de vapor tanto de sus fauces como de sus fosas nasales.

Pronto Hércules empezó a cansarse y a darse cuenta de que sus esfuerzos resultaban infructuosos, por lo que decidió retirarse hacia el lugar donde había encendido el fuego para prender las flechas que le había arrojado al principio. Allí, entre las llamas, colocó su maza de hierro y la dejó hasta que se volviera roja como la sangre.

Entonces volvió a atacar al dragón con renovadas fuerzas, pero esta vez, luego de arrancar cada una de las cabezas, cauterizaba el cuello con la maza caliente; de esta forma, evitaba que por las heridas brotara una nueva cabeza.

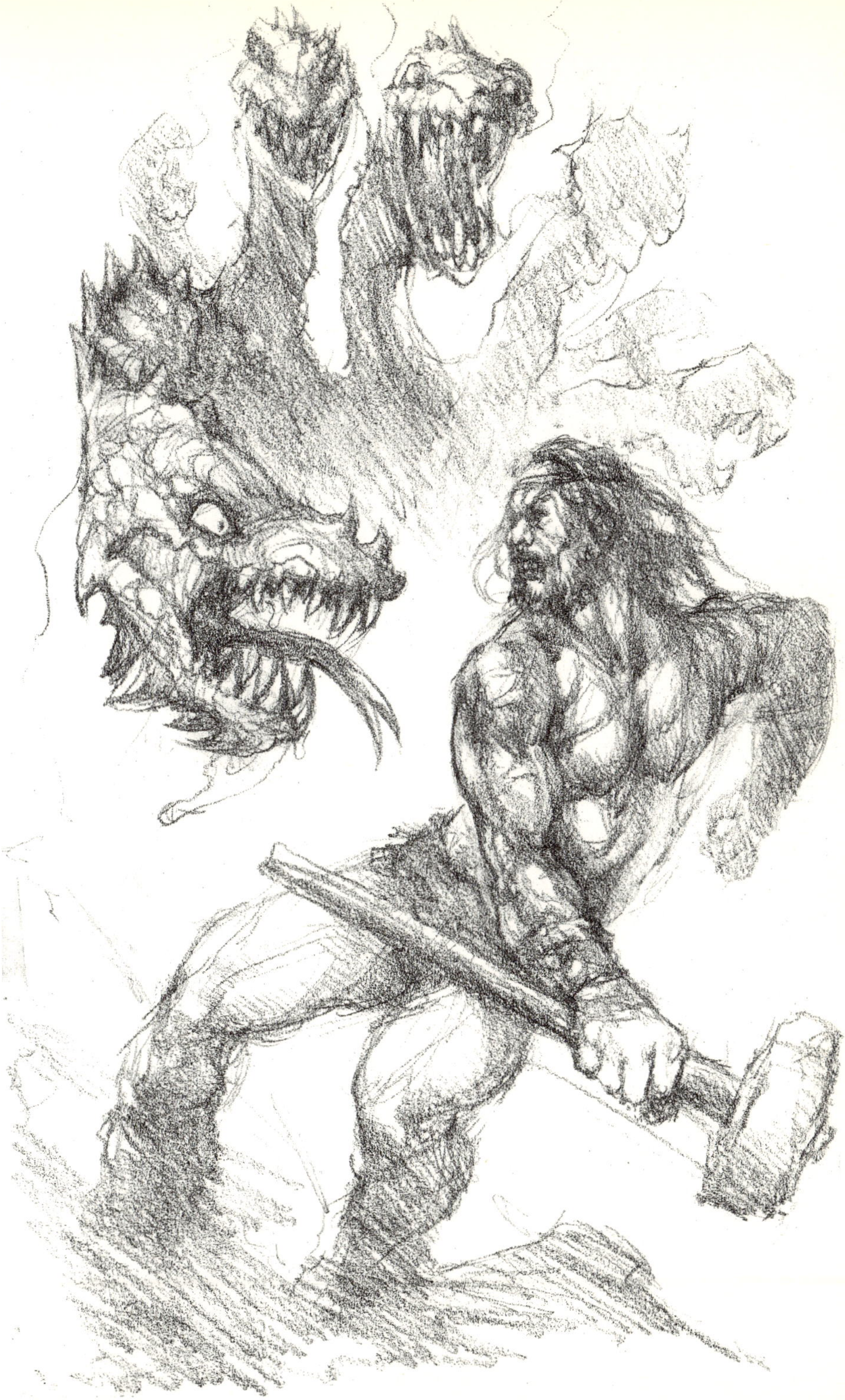

La Hidra de Lerna sintió que su fin estaba próximo y atacó a Hércules con todo el poder que aún le quedaba, pero el hijo de Zeus no se dejó amedrentar y continuó con su labor de cortar y cauterizar, hasta que finalmente a la bestia sólo le quedó una cabeza, la del medio.

Hércules había escuchado algunas versiones que decían que la cabeza del medio, la más importante, era inmortal. Desenfundó entonces su espada de oro y la cortó de un solo golpe.

La última cabeza rebotó sobre el terreno viscoso y nauseabundo del pantano. Aún seguía viva, pues sus ojos se movían y de su boca surgía una lengua bífida.

Hércules se apuró en cauterizar la última herida del cuello del dragón y luego cavó un profundo pozo. Después, se dirigió con aire triunfal hacia la cabeza, que aún permanecía en el suelo y lo miraba con odio y furia a través de sus ojos de serpiente monstruosa.

El héroe levantó la cabeza y la arrojó a lo profundo del pozo, luego lo rellenó y colocó sobre él una gigantesca piedra que nadie más que él podría mover.

Y ése fue el fin del terrible dragón llamado Hidra de Lerna. El más terrible de los doce arduos trabajos encomendados a Hércules.

EL CABALLERO TRISTÁN Y EL DRAGÓN
Leyenda medieval

Tristán era un noble y valiente caballero. Su nombre era sinónimo de honor y lealtad y no había persona en todo el pueblo que no lo admirara. Había ya corrido muchas aventuras en las que había enfrentado peligros sin nombre y peleado contra los más feroces oponentes, desde hombres hasta gigantes.

Pero llegó un día en que debió partir del reino en que vivía para cumplir una misión que parecía muy fácil: ir hasta Irlanda y solicitar la mano de la hija del rey de aquel lugar, la bella Isolda, para que se casara con el tío de Tristán, el rey.

Tristán no perdió tiempo y partió presto a cumplir esa misión.

Al llegar al reino de Irlanda notó algo extraño: nadie transitaba el camino real. Este hecho le resultó muy sorprendente ya que el camino real o principal, en aquellos tiempos, conforme uno se iba acercando al castillo del rey, comenzaba a ser cada vez más transitado por heraldos, caballeros, comerciantes y todo tipo de gente.

Al llegar a la imponente fortaleza Tristán sintió el olor de la muerte y el sufrimiento en sus muros. Las puertas permanecían cerradas y varios soldados estaban apostados en las murallas y torres.

—Soy el caballero Tristán y vengo como embajador de mi rey a pedir la mano de la bella princesa Isolda.

Los soldados abrieron las puertas y le permitieron pasar, pero no dejaban de mirar hacia el exterior, y no realizaron ninguno de los rituales y ceremonias que la ocasión ameritaba.

–Quiero ver a vuestro rey –declaró Tristán con todo el énfasis del que era capaz de darle a su voz.

Y sin más preámbulos fue llevado al salón principal donde se encontraba el rey de Irlanda y toda su corte. El noble caballero percibió de inmediato que algo muy malo estaba sucediendo en esas tierras.

–Bienvenido eres, noble Tristán, aunque nuestros corazones nos impiden honrarte como es debido ya que nuestro tiempo es amargo.

–¿Cuál es la causa de esa amargura, Su Majestad? –preguntó el caballero con el ceño fruncido.

–Una terrible criatura, una horrible bestia salida de los mismos abismos del infierno, nos ha hundido en la pena más honda. Un abominable y sanguinario dragón merodea por nuestras tierras y exige un sacrificio humano todos los días al amanecer.

–¿Cómo es eso? –preguntó el caballero cada vez más preocupado.

–El dragón nos amenaza con devorar a todo el reino si no le entregamos una doncella todos los días. Nuestros más valientes caballeros han enfrentado a la horrible bestia pero todos han encontrado una muerte atroz en sus fauces.

–Majestad, no podéis permitir que continúe esta situación, más tarde o más temprano vuestro reino quedará devastado. Yo enfrentaré al dragón en vuestro nombre.

El rey lo observó durante algunos instantes.

–Ésta no es tu tierra ni tu gente, eres un invitado y no puedo permitir que mueras a manos de esa horrible criatura.

–No moriré, ¡ella morirá!, ¡yo seré el vencedor de esta contienda! –Y acercándose con paso decidido al rey le pidió con firmeza–: Dadme vuestra bendición, Majestad, para ir a enfrentarme con el dragón.

El rey suspiró y dijo:

–No sólo te daré la bendición sino que también te daré las mejores armas de que dispongo para semejante y desigual combate.

Tristán sonrió, saludó al rey y partió con los guardias para ataviarse como correspondía para la batalla. Y acatando las órdenes del rey, sus servidores le colocaron la mejor armadura y le entregaron la mejor espada y el mejor escudo. Luego la guardia real lo acompañó hasta las mismas puertas del castillo.

Tristán salió a la oscuridad de la madrugada y miró cómo los soldados retrocedían corriendo para atrancar y asegurar las puertas otra vez. Pronto estuvo completamente solo en los muros exteriores. Avanzó con su caballo hacia el camino real y luego se detuvo bajo la luz de una luna que empalidecía porque estaba ya comenzando a amanecer.

El caballero se dispuso a esperar pacientemente, mientras aguzaba la vista para descubrir al dragón.

El rocío de la mañana humedecía el aire tornándolo cada vez más frío. Un vaho denso surgía del hocico del caballo y ascendía hasta el yelmo de Tristán.

El sol, por fin, asomó en el horizonte, y cuando todo el disco dorado de refulgente luz acabó de mostrarse por completo, un movimiento y un rugido hacia un costado llamaron la atención del expectante caballero.

Entonces, cabalgó algunos metros y divisó a una gigantesca y terrible criatura, que se desplazaba hacia él levantando una gran polvareda.

De pronto Tristán se detuvo y se dio cuenta de que el dragón, mientras avanzaba lentamente hacia él, apoyando todo su peso en sus anchas patas que terminaban en garras, lo venía observando, como midiendo ya a su inminente rival.

El valiente caballero aprovechó de esa lentitud, para observar, a su vez, al dragón: era gigantesco y de color oscuro, una mezcla de negro y verde. Su cuerpo estaba completamente cubierto de gruesas escamas, sus cuatro patas terminaban en afiladas garras y tenía una cola larga como si fuera de una serpiente gigante.

Pero lo más impresionante de todo era su cabeza: de su boca sobresalían aguzados colmillos; desde sus inmundas entrañas arrojaba un aliento tan pestilente y de tan largo alcance que no sólo lo percibió de inmediato Tristán sino también el fino olfato de su caballo, que se agitó pegando un relincho; sus ojos eran como dos brasas encendidas del color de la sangre enardecida y del medio de su frente surgían dos terribles cuernos rectos, uno debajo del otro.

Tristán no aguardó un instante más y, espoleando su bravo corcel, cargó con la lanza en ristre para embestir a la bestia. Sin embargo, para su sorpresa, al primer impacto la lanza se hizo añicos sin siquiera dañar a la monstruosa criatura.

El dragón parecía conocer su invulnerabilidad y esperó el ataque con la lanza sin moverse. Ahora era su turno de atacar y no lo dejó pasar. Rápidamente arrojó dos feroces golpes de garra que hendieron el aire a la altura de la cabeza del caballero, quien, si no hubiera sido por su brioso caballo, de seguro, la habría perdido.

Tristán cargó nuevamente contra el dragón. Desenfundando la espléndida espada que le había dado el rey de Irlanda, descargó con ella tres feroces golpes que rebotaron contra las gruesas escamas del dragón sin siquiera hacerle mella.

El dragón reatacó a su vez, pero Tristán, que también era un hábil jinete, se las ingenió para volver a atacar por el otro flanco. Nuevamente sucedió lo que había pasado la primera vez: el filo de la espada no lograba atravesar las escamas de la bestia.

El dragón se retorcía y se debatía hacia un lado y hacia el otro buscando a su oponente para despedazarlo, pero éste era muy rápido y, cuando el dragón giraba hacia un lado, él lo golpeaba con su espada por el otro.

Pronto la feroz criatura se apropió de la estrategia del guerrero y amagó volverse, para luego arrepentirse, y aprovechó ese momento para utilizar su arma más mortífera: su aliento flamígero. Sopló con fuerza y por los agujeros de su nariz brotaron llamaradas y humo venenoso que pronto envolvieron al caballo. El bravo animal murió al instante y cayó a la tierra.

Tristán, totalmente desconcertado y al mismo tiempo apenado por esa muerte, saltó de su montura, para no quedar atrapado e inmovilizado bajo su peso. Fue entonces cuando el dragón le arrojó un golpe de garra que le arrebató el escudo y éste se estrelló contra las rocas del muro y se hizo trizas.

Un guerrero, en medio de feroz combate frente a un dragón, sin caballo y sin escudo...

El dragón inspiró profundamente para largar un nuevo y más poderoso chorro de fuego y veneno y así terminar con la vida del caballero de una vez por todas.

Fue ése el momento en que Tristán supo lo que debía hacer para salvar su vida y alzarse con la victoria. Esperó el instante adecuado y, cuando el dragón estaba bajando la cabeza para emitir sus fluidos mortales, se abalanzó sobre la bestia y, aferrando el puño de la espada con sus dos manos, se la clavó en el largo cuello con toda la fuerza de la que se sintió capaz. Y fue tan certero el golpe que la punta de la espada logró atravesar el corazón de la espantosa criatura matándola al instante.

Por fin, el dragón que había asolado al reino de Irlanda yacía muerto bajo la espada del noble caballero Tristán.

Todos los moradores del castillo y el pueblo, que se habían protegido tras los muros fortificados, fueron advertidos de la hazaña por los hombres del rey que avistaban desde las torres. De inmediato, cuando las puertas del castillo se abrieron y el puente descendió, toda la gente salió corriendo para agradecer y felicitar a su extraordinario salvador.

El rey de Irlanda también venía entre sus súbditos. Se acercó al valiente caballero, le sonrió complacido y lo invitó a su mesa para conversar sobre la misión que le había sido encomendada y que era el verdadero motivo que lo había traído a Irlanda: pedir la mano de la bella princesa Isolda en nombre de su tío, el rey, y conducirla luego hasta el castillo, donde se desposaría con él.

Lo que ambos hombres no pudieron ver fue que los hermosos ojos de la dulce Isolda habían estado observando a Tristán desde el primer momento y que su corazón ya le pertenecía al héroe.

Pero ésa es otra historia...

EL DRAGÓN DE LOMBARDÍA

Leyenda germana

Había una vez un rey llamado Ortnid que gobernaba un país llamado Lombardía.

Durante mucho tiempo el rey buscó a una mujer para convertirla en su esposa, pero a ninguna de las hermosas pretendientes que le eran presentadas consideraba digna de él, pues a todas y a cada una de ellas les encontraba algún defecto: a una le faltaba calidez, a otra brillo en los ojos, a otra la dulce voz que ansiaba escuchar todas las mañanas. Y así fue despreciando a una por una.

Lombardía era considerado un reino muy próspero y no faltaban damas ni caballeros de la nobleza que le presentaran a sus hijas, pues Ortnid, al ser el monarca, era el mejor partido para ellas. No obstante, el rey de Lombardía no encontraba esposa a la altura de su majestad real ni a su gusto. Finalmente se dedicó a recorrer todos los reinos de Europa. Pero en cada uno de los reinos sucedió lo mismo y regresó al suyo más decepcionado que nunca.

Una tarde en que el rey Ortnid se hallaba cavilando sobre estos asuntos, mientras bebía una copa de hidromiel junto a los leños encendidos del hogar, apareció de la nada un extraño ser.

—¡Alberich! —gritó el rey con su voz tronante.

El enano que había entrado con sigilo se sintió descubierto y repuso:

—Majestad, hace mucho tiempo que buscáis a la mujer adecuada para que se convierta en vuestra esposa y hasta este momento todas las búsquedas han sido infructuosas. Pero eso no debe apenar vuestro corazón, pues he hallado a la mujer más hermosa del mundo, a una dama que es digna de ser vuestra esposa y la futura madre de vuestros hijos.

—¡Habla! —ordenó Ortnid que era un rey de pocas palabras.

—En un país muy distante llamado Siria, en el castillo de Muntaburg, se encuentra la mujer más hermosa e inteligente que hayas visto jamás. Su nombre es Makhorel y es la hija del rey de ese país.

—Dime cómo es.

—Su cabello es negro como el ébano y cae sobre su cuerpo como una cascada de seda. Su piel es tersa como los pétalos de una flor. Sus ojos son centelleantes como las estrellas brillantes de la noche, sus manos son hermosas y hábiles para las labores femeninas, su voz es una mezcla del canto de los pájaros y la brisa de primavera, su cintura es fina como la de las avispas y sus pechos son generosos como para amamantar a todos los hijos que podáis darle.

El rey Ortnid sonrió y dijo:

—¿Qué estamos esperando entonces?

—Hay un inconveniente, Majestad, el rey de Siria nunca nos entregará a su hija por su propia voluntad.

—¡Pues entonces encárgate de traerla contra su voluntad!

El enano Alberich se retiró del recinto haciendo una reverencia y partió para cumplir prontamente con el encargo.

A miles de kilómetros de allí, la princesa Makhorel descansaba en la seguridad de su castillo. Su hermoso cuerpo cubierto de velos reposaba sobre un mullido sofá oriental y su pecho subía y bajaba lentamente al ritmo de su respiración.

De pronto algo la hizo despertar y abrió sus hermosos ojos. Una idea se había instalado en su cabeza y era imposible quitársela: la raptarían.

Miró hacia la ventana, que mostraba el cielo nocturno estrellado, y por allí apareció un hombre enmascarado que la apuntó con una daga arrojadiza:

–Ven conmigo sin gritar o me veré obligado a dañar tu belleza de manera irreparable.

La princesa se puso de pie temblando y rogó con una voz susurrante:

–Al menos permíteme llevar mi cofre de joyas conmigo; no podría vivir sin ellas.

El enmascarado asintió sin dejar de apuntarla con su filosa daga que brillaba con la luz de la luna llena y de las titilantes estrellas.

La princesa tomó una caja decorada con incrustaciones de piedras preciosas y se acercó al hombre de negro, que la sujetó por la cintura para deslizarse de inmediato con ella por la cuerda tal como lo haría una araña.

Una vez en terreno firme la montó en un caballo y partieron al galope sin ser vistos ni oídos por ningún guardia.

Lo que nadie sabía era que la joven y astuta princesa no llevaba joyas en la caja ornamentada, sino unos diminutos huevos de dragón de la clase más terrible y destructiva con los que vengaría su rapto.

Luego de muchos días de andar la princesa le dijo:

–¿A dónde me llevas?

–Al país de Lombardía para que te cases con el gran rey Ortnid que te desea como esposa.

–¿Y hasta dónde se extienden las tierras del país del rey Ortnid?

–Te avisaré cuando entremos en ellas.

Luego de algunos días más de viaje su secuestrador le dijo:

–Cuando crucemos ese puente ya estaremos dentro de los límites del poderoso rey Ortnid.

–Desearía bajar y poder refrescar mi rostro en las aguas del río del país en el cual viviré el resto de mis días.

Como la princesa se había comportado honorablemente, el hombre la dejó acercarse a la vera del río, mientras él desensillaba, a su vez, y llevaba a los dos animales a pastar, sujetándolos por las riendas.

La astuta mujer, sin que nadie la viera –puesto que nadie pasaba por allí en ese momento– y observando que el hombre se alejaba un poco de ella, depositó uno de los huevos de dragón bajo el puente de piedra y lo cubrió con tierra para que no fuera descubierto fácilmente.

Regresó al lado del hombre, montaron los dos en sus respectivos caballos y continuaron viaje.

Al poco tiempo comenzaron a atravesar un frondoso bosque.

–¿Este bosque también pertenece al rey Ortnid, mi futuro esposo? –preguntó la princesa Makhorel.

–Así es, el bosque y todo lo que hay en él.

–Quisiera estirar un poco las piernas y probar alguno de los frutos de esos hermosos árboles –repuso la doncella con su dulce voz.

El hombre nuevamente permitió que la princesa cumpliera su deseo y entonces ella desmontó y se puso a caminar sola portando su caja ornamentada con piedras preciosas hasta que, alejada de la vista de su acompañante, tomó otro huevo y lo escondió en el hueco de un árbol.

Regresó junto al heraldo del rey y siguieron el viaje.

Más tarde atravesaron un gran campo sembrado, cuyos surcos hechos por el arado eran perfectamente rectos.

–¿Estos campos cultivados también pertenecen al rey Ortnid? –preguntó nuevamente la princesa.

–Así es, los campos y todo lo que en él se siembra.

–Quisiera caminar por esa tierra y poder tocar la cosecha que me alimentará en el futuro.

El hombre accedió al pedido de la dulce princesa y ella se internó sola entre las líneas de los sembradíos portando su caja enjoyada y escondiendo un nuevo huevo de dragón.

Prosiguieron el viaje y llegaron al castillo del rey que estaba circundado por un hermoso jardín.

Y la princesa le hizo una nueva pregunta al hombre:

–¿Este hermoso jardín pertenece al rey Ortnid?

–Así es –repuso él–, el jardín y cada una de las exquisitas plantas que se hallan en él.

–Entonces quisiera poder deleitarme con el aroma de estas bellas flores.

La princesa volvió a sumergirse entre las flores más exóticas y allí también escondió otro de los huevos de dragón que llevaba en su caja enjoyada.

Finalmente el hombre de negro entregó la bella Makhorel al enano Alberich y éste se encargó de llevarla a los aposentos de palacio para presentarla ante los ojos del rey Ortnid.

Cuando el monarca vio a la princesa quedó fascinado: ¡ella era la mujer que por tanto tiempo había buscado!

Mandó a que vinieran todos los criados y dispuso todo para celebrar la boda.

Los mejores sastres del reino confeccionaron un vestido excepcional, que resaltaba aún más los encantos naturales de la joven princesa.

Cientos de animales se mataron y se cocinaron luego con salsas exquisitas para alimentar a todos los invitados y miles de velas se encendieron para que la luz no faltara en ningún rincón del reino.

Y comenzó el festejo.

Los músicos se turnaban para tocar y dormir, pues la fiesta duró ininterrumpidamente por muchos días, en los que no faltó nunca ni la música ni la comida ni la bebida.

La princesa estaba emocionada ante tamaña fiesta y pronto olvidó el asunto de los huevos de dragón que había escondido y el hecho de haber sido raptada, pues se sentía verdaderamente feliz junto al rey Ortnid, que con tantos honores la había recibido y que satisfacía todos sus deseos.

Pero lo hecho, hecho estaba. Y a pesar de que el destino quiso que la mayoría de los huevos escondidos por la princesa se descompusieran, uno logró sortear las inclemencias del tiempo y, llegada la hora, un pichón de dragón rompió el cascarón en el medio del bosque.

Muy pronto el joven dragón se convirtió en una poderosa bestia, que ya había cavado la tierra hasta hacer una caverna para guarecerse, y salía todos los días para alimentarse de cuanto encontrara por ahí, tanto de animales como de personas.

La noticia se expandió por todo el reino y llegó a los oídos del rey Ortnid.

Un aldeano del lugar solicitó una entrevista con el monarca y le dijo:

—Majestad, un terrible dragón está asolando el reino. Devora nuestro ganado, quema las cosechas con su aliento de fuego y engulle vivo a todo aquel que se interpone en su camino.

—Y dime: ¿dónde vive este monstruo?

—En lo profundo del bosque, Majestad.

—¡Traigan mi armadura y mis armas! —gritó el rey.

El aldeano se retiró con una reverencia.

Los consejeros rodearon al monarca y le dijeron:

—Señor, permitid que sea vuestro ejército el que mate al dragón.

—No le tengo miedo ni a hombre ni a bestia alguna. ¡Yo mismo iré y mataré a ese maldito dragón!

Los escuderos reales le colocaron la armadura y le ciñeron las armas. Pronto el rey estuvo listo para ir a entrar en combate.

La reina Makhorel le rogaba con desesperación que no fuera, ya que no quería que su marido, al que ahora amaba, muriera a causa de lo que ella había hecho tiempo atrás y que ahora había reactivado en su memoria con horror e impotencia.

—Guarda tus lágrimas, amada mía, para cuando muera —fue todo lo que el rey le contestó y, sin decir más, partió galopando velozmente.

A poco de andar sintió los ladridos de su mejor compañero: su perro de caza.

El rey se detuvo y observó al animal con una sonrisa y luego juntos recorrieron grandes extensiones de tierra, hasta que al llegar al atardecer se internaron en el denso y misterioso bosque donde, según el aldeano, habitaba aquel maléfico dragón.

El rey Ortnid comenzó a sentir sueño pues la búsqueda había sido muy prolongada. Se bajó del caballo y lo ató a unos matorrales que crecían a un lado. Se quitó el yelmo y se acostó a dormitar contra el grueso tronco de un árbol.

El perro, por su parte, seguía montando guardia y miraba de una lado hacia otro. Cada tanto olfateaba y paraba las orejas prestando atención a cada detalle de los movimientos del bosque.

Un crujido...

El perro levantó las orejas y usando su olfato detectó la cercanía del dragón.

De pronto, lo vio acercarse: era inmenso, su cuerpo estaba cubierto de escamas y su cabeza coronada por cuernos y de sus fauces emergían enormes colmillos punteagudos.

El perro comenzó a ladrar enloquecido. De un coletazo el dragón lo arrojó contra los troncos de los árboles partiéndole los huesos.

El rey Ortnid abrió los ojos, aún somnoliento, y se impresionó al ver a la terrible bestia frente a él. Desenfundó la espada pero no logró ponerse de pie a tiempo. El dragón abrió las fauces y de un solo mordisco le arrancó las piernas, que masticó dos o tres veces, y volvió enseguida por más carne regia.

El rey no murió inmediatamente, sino que logró ver y sentir cómo el dragón lo iba devorando poco a poco, en medio de un sufrimiento indescriptible y ya absolutamente entregado a su destino trágico.

El tiempo pasaba y el rey Ortnid no regresaba. Los comentarios sobre la devastación que producía el dragón se multiplicaban en las calles y en palacio.

La reina Makhorel sabía qué le había ocurrido a su marido y se atormentaba y se culpaba sin piedad por haber sido la causante de su muerte atroz. Pero esperó unos días, hasta que destruida por el dolor recurrió al Consejo para implorar que alguien fuera a matar al dragón, pero ninguno de los presentes se atrevió.

Entonces la viuda, haciendo uso de su inteligencia y de su firme autoridad, mandó mensajeros a distintos lugares del exterior con una consigna: quien matara al dragón se convertiría en su esposo y por lo tanto en rey de Lombardía, puesto que el rey Ortnid no había dejado descendencia.

Y el mensaje llegó hasta los oídos de un diestro caballero errante llamado Wolfdietrich, quien se vio obligado a escapar de su reino por culpa de la cólera de su tirano rey contra el que conspiraba sin tregua.

El guerrero acudió al llamado y se presentó en el castillo de Lombardía. Pronto lo recibió la bella Makhorel y Wolfdietrich quedó atónito al contemplar su hermosura, que a pesar del duelo no había mermado.

—¿A qué has venido? —le preguntó la reina con su dulce voz.

—Escuché que dicen que te entregarás en matrimonio a aquel que logre matar al dragón que asola tu reino.

—Así es, soy la reina de Lombardía y cumpliré mi palabra.

—¿Dónde se encuentra este dragón?

—Muchos dicen que en lo más profundo del bosque.

—Entonces... ¡no hay más que decir!

Y el guerrero se dio la vuelta, montó sobre su caballo y se lanzó al galope hacia su objetivo.

Luego de mucho andar por fin llegó a lo más profundo del bosque donde, contrariamente a lo que suponía, reinaba un silencio sepulcral.

Los antiguos árboles eran tan gruesos y frondosos que impedían que pasaran los luminosos rayos del sol.

Wolfdietrich notó inquieto a su caballo y le acarició la cabeza para tratar de calmarlo. Por las dudas, desenfundó su espada.

En la quietud y el silencio de aquel lugar trataba de escuchar algún sonido revelador.

De pronto, una garra poderosa le golpeó el pecho, abollándole la armadura, y lo arrojó contra el tronco de un árbol, para luego del terrible impacto, caer con fuerza al suelo. El caballero levantó la cabeza justo a tiempo para vez cómo el inmenso e increíblemente silencioso dragón engullía a su brioso corcel. Todo le daba vueltas. Intentó ponerse de pie, pero el golpe había sido demasiado fuerte y cayó desmayado.

En un momento lo despertó un dolor lacerante en una de sus piernas. Abrió los ojos y notó que era arrastrado a una inmunda caverna donde reinaban la humedad y la falta casi absoluta de luz natural.

A medida que era arrastrado y sus ojos se adaptaban a la oscuridad, empezó a entrever su entorno. Por todos lados había restos de cuerpos masticados: piernas, manos, cabezas, cráneos, huesos...

El olor era nauseabundo y Wolfdietrich tuvo que hacer un esfuerzo para no vomitar y permitir así que el dragón se diera cuenta de que había despertado.

A medida que seguían internándose en la guarida infecta de la bestia, los restos podridos aumentaban, a los que también se sumaban los excrementos del feroz animal.

Wolfdietrich, en un momento, ya no soportó más permanecer allí y, con las fuerzas que le quedaban, tomó la daga que aún pendía de su cintura y la clavó en la garra que lo mantenía prisionero. El dragón lo soltó y se volvió rápidamente, con una agilidad asombrosa.

El caballero se percató, entonces, de que con su pequeña daga no lograría hacerle ningún daño a la bestia, pero en el mismo momento en que evaluaba su situación, algo brilló en la oscuridad al alcance de su mano y con su habilidad instintiva lo recogió justo a tiempo para atravesar las fauces del dragón cuando éste estaba ya a punto de engullirlo.

La bestia retrocedió y un chorro impresionante de sangre saltó de su paladar.

Wolfdietrich se dio cuenta de que en su mano portaba la espada del rey Ortnid y con renovadas fuerzas siguió atacando al dragón hasta que le abrió el vientre de arriba abajo, haciendo que no sólo su sangre sino también sus intestinos se salieran de su cuerpo. El dragón aulló con un sonido aterrador y se derrumbó en el suelo completamente muerto.

El héroe, maltrecho pero entero, regresó caminando al castillo y se presentó ante la reina Makhorel, que le preguntó:

—¿Cómo puedo saber si realmente has acabado con el dragón?

A lo que el guerrero no le respondió con palabras, sino que le mostró la espada del rey Ortnid manchada con la sangre fresca del dragón (líquido de un color y un olor muy especiales, que el Consejo y los servidores presentes rápidamente reconocieron).

—El dragón ha muerto. Mi amado esposo y buen rey Ortnid ha sido vengado. El reino está a salvo. Cumpliré con mi palabra —dijo la hermosa reina Makhorel sonriéndole a Wolfdietrich por primera vez.

LA COVA DEL DRAC
Leyenda catalana

Cuenta esta leyenda que, en el antiguo reino de Cataluña, durante el transcurso del siglo IX, un terrible dragón se había instalado en una cueva en la altísima montaña llamada San Lorenzo de Munt, ubicada muy próxima al pueblo de Terrasa (también llamado Tarrasa).

La Cova del Drac ("la cueva del dragón") era una profunda caverna húmeda y oscura que se decía que llegaba hasta el río Llobregat. Allí vivía la maléfica criatura que mantenía aterrada a toda Cataluña.

La bestia gustaba de devorar vivo a todo aquel que se atrevía a pasar cerca de su hábitat, y tenía una especial predilección por los cristianos, a quienes parecía odiar con toda la fuerza de su espíritu bestial.

Muchas lenguas decían que aquel dragón había sido traído por los sarracenos desde su lejana tierra y que lo utilizaban para custodiar un inmenso tesoro en el que se acumulaban las piedras preciosas y todos los objetos de valor que les habían sido sustraídos a riquísimos cristianos en plena invasión árabe.

Otras lenguas decían que los moros lo habían dejado simplemente para atormentar a las pobres gentes que vivían en ese lugar y de esa forma gozar con su sufrimiento.

Lo cierto era que el dragón constituía una realidad y que nadie podía andar tranquilo por esas tierras. En un principio no se alejaba de su cueva, pues atacaba y devoraba sólo a aquellos que se atrevían a acercársele. Pero a medida que menos gente fue transitando por ese lugar tan peligroso, empezó a salir a la caza de cualquier peregrino que anduviera desprevenido.

Muchos valientes caballeros habían cabalgado con su lanza en ristre contra aquella monstruosa criatura, pero habían sido devorados en el noble intento.

Las gentes del pueblo estaban desesperadas y ya no sabían qué hacer, salvo orar a Dios.

Pero llegó un día en que apareció de los cielos un gallardo caballero vestido completamente de luz. Su caballo era blanco como las nubes más blancas, su armadura resplandecía como la más brillante de las luces y el penacho de su casco era blanco como la nieve pura.

El luminoso caballero se detuvo frente a la cueva y con voz estridente provocó a la maléfica bestia, que no tardó en salir y en aceptar el reto.

El dragón era una cosa terrible de ver pues su aspecto infundía pánico en el corazón del más valiente. En cuanto asomó de su cueva, la repugnante criatura lanzó un aullido y largó una potente llamarada desde sus fauces de aguzados colmillos.

El caballero esquivó el fuego y por un rato se mantuvieron los dos inmóviles y mirándose el uno al otro. El dragón le clavaba sus ojos fieros y el caballero se mantenía digno y sereno sin demostrar un ápice de miedo a pesar de que sentía cómo esa mirada terrible parecía atravesarle la armadura.

De pronto, el dragón comenzó a rugir nuevamente pero el caballero luminoso no se amedrentó y, arrancando de cuajo un árbol (algunas personas dicen que éste árbol era un roble), lo partió sobre la cabeza cornuda del dragón y lo dejó atontado por unos momentos.

La bestia había sido sorprendida, pero pronto se repuso y volvió al ataque.

Fue entonces cuando el luminoso caballero dio la vuelta y se alejó volando, ante los ojos desesperados de las personas que, de lejos, seguían atentamente la increíble lucha.

Pero cuando todos pensaban que el salvador venido de los cielos se marchaba para siempre y los abandonaba dejándolos

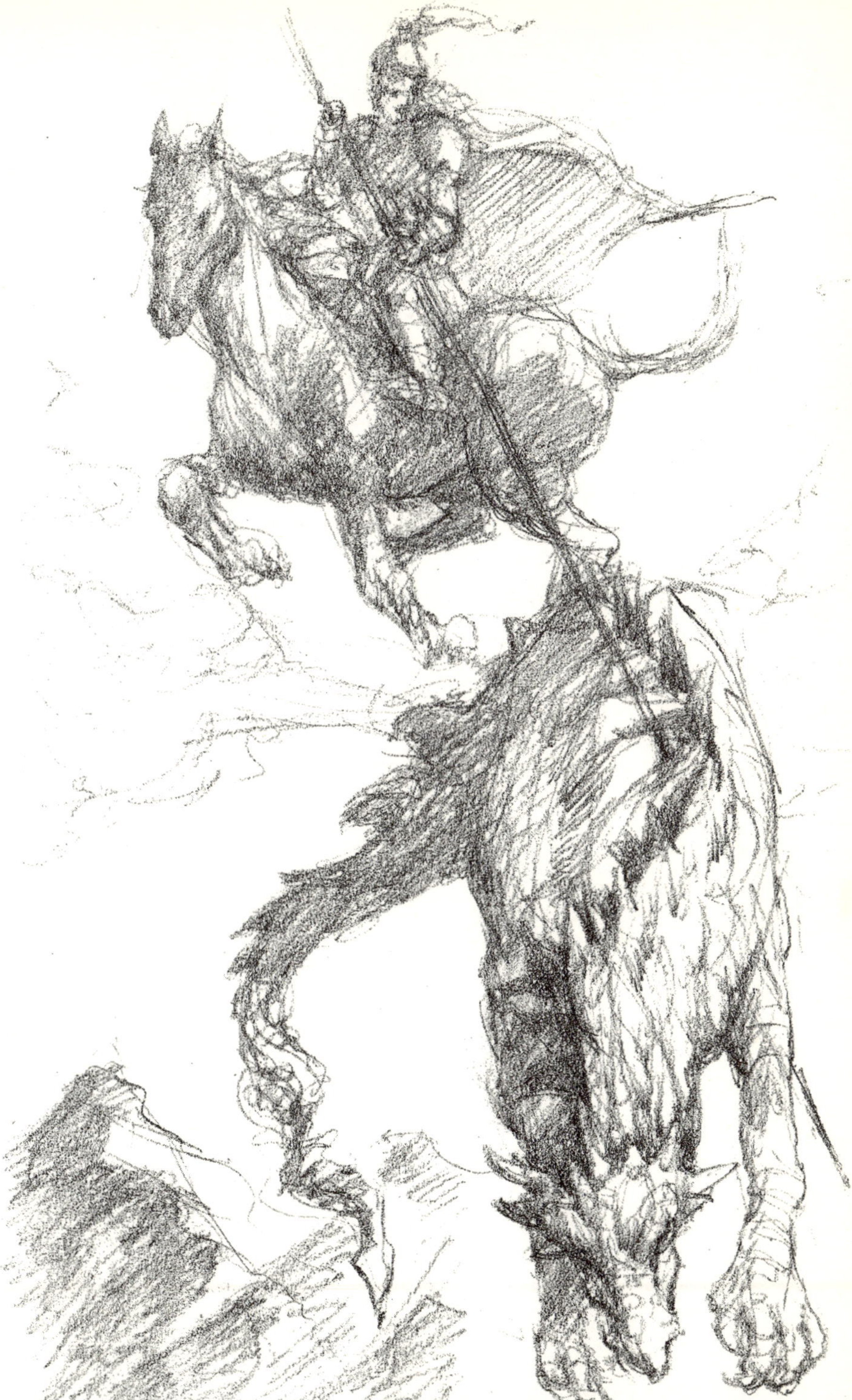

con sus esperanzas partidas en miles de pedazos, incluso cuando el maléfico dragón ya daba por ganada la contienda, el caballero luminoso dio la vuelta en el aire, siempre montado en su caballo y empuñando su lanza, y se abalanzó a gran velocidad contra la bestia.

El dragón se preparó para darle un mordisco mortal y abrió sus gigantescas fauces (de la cual emergía un olor pestilente por los restos descompuestos en sus entrañas de los cristianos que había ido devorando).

Pero el caballero luminoso fue más rápido y ensartó al dragón. La bestia aulló como nunca antes lo había hecho y toda la tierra tembló.

Entonces el caballero y su mágico caballo arrastraron al dragón por los aires, mientras éste se retorcía aún ensartado por aquella certeza lanza.

Y aquellos que fueron testigos de tan increíble hazaña vieron cómo los tres iban subiendo velozmente hacia el cielo, para luego perderse entre las nubes y desaparecer para siempre.

EL ARCÁNGEL MIGUEL CONTRA EL DRAGÓN
Mito bíblico

Dios padre celestial todopoderoso, creador del cielo y de la tierra, señor del universo y dador de toda vida existente, tenía muchos hijos, vástagos de su pensamiento que luego los hombres llamaron *ángeles*.

Y entre estos ángeles había uno, el más hermoso y el que contaba con más dones divinos. Su nombre era Luzbel.

Y a pesar de que Dios amaba a todos sus hijos por igual, era a este ángel al que le había dado la más alta jerarquía de entre todos los seres de su creación.

Luzbel poseía la más dulce voz, la belleza más extraordinaria, el oído más agudo y la vista más profunda. Pero sucedió que luego de algún tiempo comenzó a mirar a sus hermanos con desprecio, pues él era mejor que ellos. Sólo Dios lo superaba.

Fue entonces cuando comenzó a tener extrañas sensaciones que lo llevaban a alejarse cada vez más de su Padre.

Y Empezó a sentir envidia de Dios.

Y cuanta más envidia sentía más se alejaba de la luz de su Padre y hasta llegó a atreverse a cuestionar las decisiones y las creaciones del Único. Un pequeño fuego comenzó a arder en su interior: el fuego del deseo de hacer lo mismo que hacía Aquel que lo había creado.

Y cada vez más se alejó del amor y de la luz de Dios. Y en la oscuridad comenzó a tener pensamientos impuros y vanidosos. En la soledad aumentaban los celos contra Aquel que le había dado la existencia, Aquel que lo había dotado con lo mejor de lo mejor.

Y en esa oscuridad se inició su transformación. Su figura comenzó a cambiar al estar alejada de la luz de Dios y a nutrirse de sus negros pensamientos y de sensaciones impuras.

La envidia, los celos, la soberbia y la ausencia de luz divina terminaron por convertirlo en una criatura horrenda. Fue así que su voz perdió la dulzura donada por Dios y se transformó en un grito de terror y su aspecto perdió la belleza de Dios, degradándose hasta herir el ojo que osara mirarlo, puesto que la belleza que tenía quedó convertida en la cosa más abyecta para insultar la creación de Dios. Su piel se había escamado y endurecido, sus alas blancas y puras se transformaron en una delgada piel correosa y repulsiva, su boca se llenó de colmillos rebozantes de veneno y de ella salían dañinas bocanadas de fuego. Por último, Luzbel coronó su cabeza con cuernos.

Y quedó convertido en un ángel abominable. El primer dragón del universo.

Y en su nueva apariencia se presentó desafiante ante el Creador.

Y los ángeles del cielo se atemorizaron ante su presencia, pues dada la pureza de sus corazones, no podían creer cómo Luzbel, que antes había sido uno más de ellos, incluso, el mejor, ahora se había transformado en un insulto a la Creación Divina.

Y fue entonces cuando Luzbel desafió a Dios.

Y sucedió lo inconcebible: un tercio de los ángeles, un tercio de los más puros hijos de Dios dudaron ante el poder y la majestad representados en el Dragón, con esos cuernos coronando su cabeza y sus duras escamas como armas y la fiereza de sus garras y el fuego de su garganta.

Y ya fuera por miedo, devoción o duda, un tercio de los ángeles fueron arrastrados a su cola para servir al rebelde, tal como antes lo habían hecho con Dios.

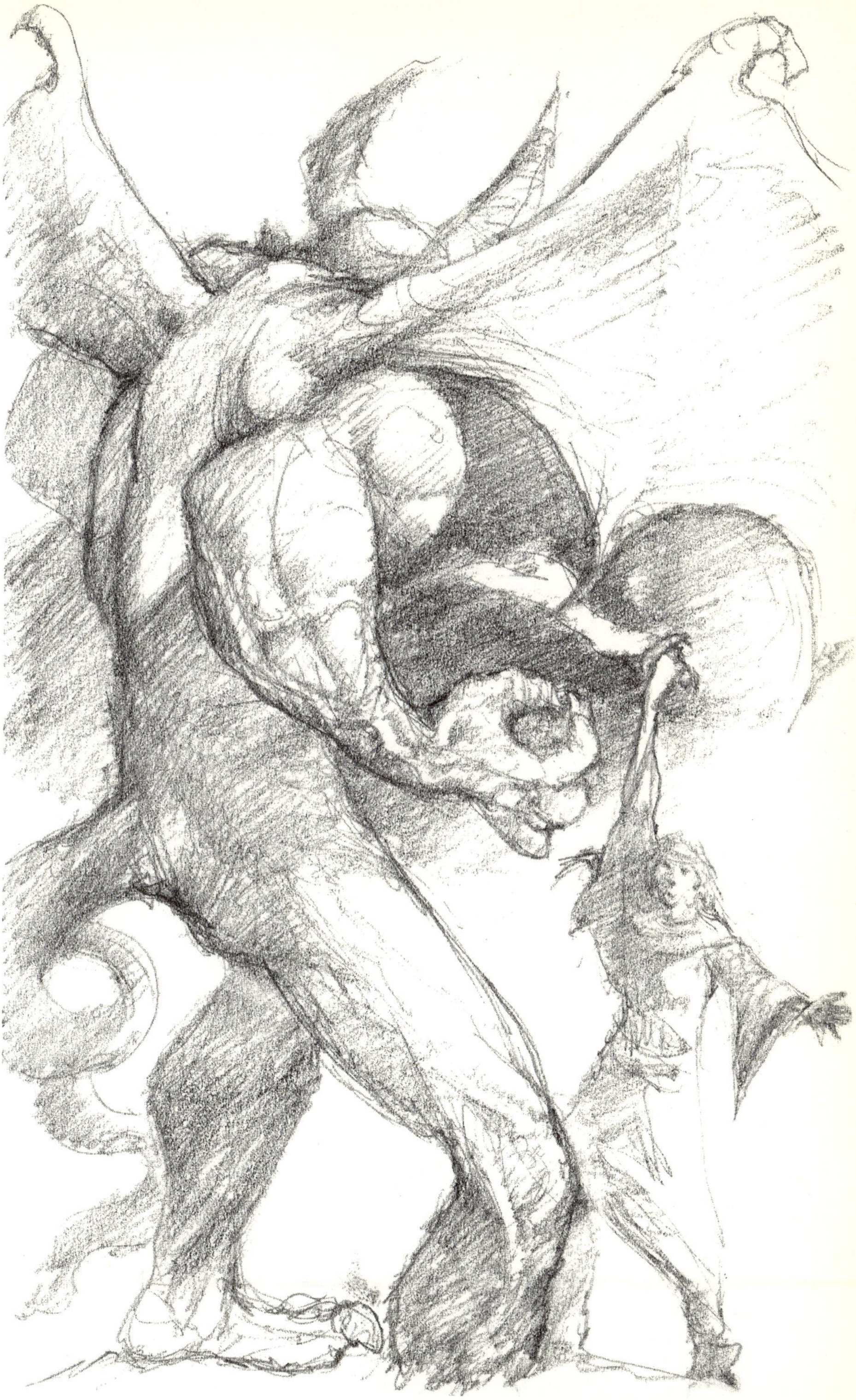

Un tercio de los ángeles de Dios se convirtieron en ángeles de tinieblas. Y la luz de Dios que había en ellos comenzó a apagarse y se llamaron a sí mismos "demonios".

Y aquel que había sido el más hermoso de entre los ángeles tomó el nombre de Diablo.

Entonces Dios habló y dijo:

—Sólo eres un imitador puesto que no tienes verdadero poder, ya que todas las cosas que hay en el universo a mí deben su existencia. Yo soy la Verdad y la Luz.

Entonces el Diablo, comprendiendo que las palabras de Dios encerraban la más pura verdad, se llenó de más odio y más envidia aún que antes. Y esos sentimientos contagiaron a sus demonios, quienes, ante una seña del Maligno, se lanzaron contra los hijos de Dios.

Y la luz y la oscuridad comenzaron a batallar en una guerra sin cuartel, que se extendió hasta la infinidad del tiempo y los confines del espacio.

Y hubo un arcángel de Dios que al ver lo que sucedía tomó la espada de la justicia y se interpuso delante del Diablo-Dragón haciéndole frente con su fe, coraje y lealtad.

Y ante las miradas estupefactas del Diablo-Dragón y de sus demonios profirió un grito de guerra:

—¿Quién como Dios?

Fue así como el arcángel de luz que enfrentó a la oscuridad recibió el nombre de Miguel (*Mikael*), que significa "¿Quién como Dios?".

Y se lanzó a la batalla para arrojar al Diablo-Dragón y a sus demonios del cielo, del lugar sagrado que ya no podían seguir compartiendo los leales con los rivales de Dios.

Y la fe y la lealtad de Miguel brillaron en su ser como una armadura de luz. Y él esgrimió la espada de la justicia con firmeza, pues la fuerza de Dios lo sostenía.

Y la luz de la lealtad de Miguel fue tan brillante que alcanzó a tocar los corazones de otros ángeles que aún dudaban o temían a las huestes de la oscuridad, y también ellos, con resuelto honor, se lanzaron feroces a la batalla, pues comprendieron que sólo la gracia de Dios era la única y verdadera.

Y el Diablo-Dragón arrojó sus fuegos contra Miguel para dañarlo, para doblegarlo a su voluntad, pero la de Miguel era inquebrantable. Y los fuegos diabólicos no hicieron mella en él, puesto que la armadura de la lealtad a Dios lo protegía.

Y los dos ejércitos celestiales pelearon en todos los infinitos rincones del universo, hasta que el Diablo-Dragón y sus demonios fueron cercados por los ángeles de Dios.

Y fue en ese momento cuando Dios les manifestó a sus huestes uno de sus designios inescrutables: Luzbel y sus demonios, que no podían ser exterminados, debían ser encerrados.

Y fue así como la tierra se abrió hasta sus honduras y dejó al descubierto el infierno ardiente de sus entrañas, donde la lava bullía con la misma intensidad que el odio que habitaba en el corazón negro del Diablo-Dragón.

Y entonces Miguel, junto con los demás ángeles de luz de Dios, arrojaron al Diablo-Dragón y a todos los demonios a las entrañas de la tierra y allí fueron encerrados hasta el día del Juicio Final.

Y así hoy, cuando los hombres sentimos la presencia del mal en nuestra vida y en el mundo, cuando la oscuridad de los demonios azota nuestras almas, cuando el Diablo-Dragón llena nuestra vista y nuestros oídos con mentiras, nuestro cuerpo con enfermedades y guerras, nuestro corazón con miedo y angustia, podemos implorar a Dios. Y Él nos enviará a su ejército de ángeles y arcángeles –como Miguel–, para hacer justicia con las luminosas armas de la Fe, la Esperanza, el Amor y la Verdad.

San Román y la Gárgola
Leyenda cristiana

Cuenta la leyenda que alrededor del año 520 de Nuestra Era existía una terrible dragona que asolaba los alrededores de la región de Rouen, cerca del río Sena, en la actual Francia. La horrible criatura era conocida con el nombre de "gárgola".*

La inmunda bestia atacaba, generalmente, a todos aquellos que concurrían a la fuente a beber o cargar agua, aunque también había noticias de que el monstruo violentaba a quienes se internaban en los bosques.

Nadie se atrevía a enfrentar a la terrible gárgola. Se decía de ella las cosas más horrendas; incluso, algunos aseguraban que podía apresar a una docena de hombres de un solo bocado y tragárselos vivos.

El arzobispo de Rouen, llamado Román, decidió entonces ir a enfrentar a la bestia, pues estaba seguro de que con la ayuda de Dios todo era posible.

El viaje podía ser largo y peligroso; pero Román recordó las palabras de Jesús que habían llegado hasta él a través de la lectura de los Santos Evangelios: *"Si dos o más se juntan en la tierra en mi nombre, lo que pidan al Padre el Padre se los dará"*.

---

* También recibe el nombre de *gargouille* y de gargantona.

Por lo tanto, Román pidió a los cristianos de Rouen que lo acompañaran, pero ninguno de todos los que estaban siempre presentes en las misas y en las celebraciones religiosas quiso ir con él.

El golpe fue muy duro para aquel hombre de la Santa Iglesia, pues ahora entendía por qué el demonio se hallaba en ese lugar, convirtiéndolo en un páramo desolado. ¿Dónde estaban los hombres de fe?

Fue, entonces, en busca de soldados y carpinteros, herreros y picadores de piedra. Pero nadie quería vérselas con la temible gárgola.

Finalmente Román acudió a la cárcel y allí preguntó:

—¿Quién de ustedes me acompañará a enfrentar a la gárgola?

—Pues nosotros... ¡seguro que no! —le respondieron los presos—; hemos cometido nuestros pecados y por eso estamos aquí, pero preferimos pudrirnos en la cárcel que morir destrozados por esa bestia inmunda.

Pero uno de los hombres jóvenes que se hallaban allí lo llamó:

—¡Arzobispo, no se vaya! ¡Yo lo acompañaré!

Román sonrió y aceptó la disposición del muchacho. Hizo los arreglos necesarios para sacarlo de la cárcel y luego partieron juntos al encuentro con la gárgola.

Ya cuando se hallaban caminando por el bosque el muchacho le preguntó:

—¿Cómo matará a la dragona, Arzobispo?

—Con el poder de Dios —le respondió Román con rotunda fe.

De pronto llegaron a una zona del bosque cuyos árboles estaban destrozados, como si algo muy grande y fuerte hubiera pasado entre ellos.

—Estamos cerca... —dijo el muchacho como en un susurro.

Román notó que los pájaros habían callado y el silencio se había apoderado del lugar.

—No tengas miedo, Dios está con nosotros —le dijo el arzobispo al pobre muchacho que temblaba de pies a cabeza y jadeaba como si le faltara el aliento.

Siguieron avanzando y descubrieron muchos huesos humanos y de animales esparcidos por el lugar.

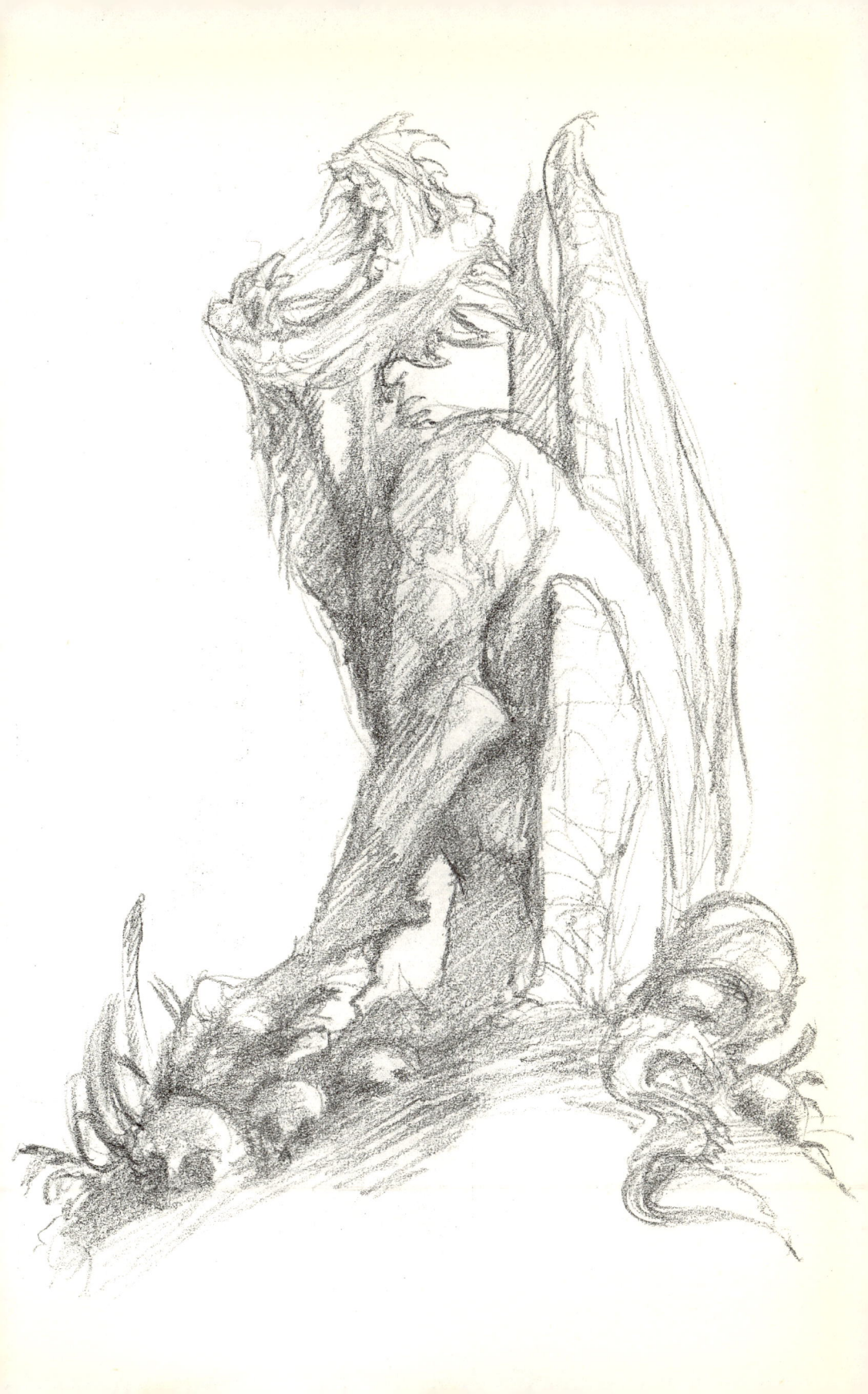

—Por aquí debe de estar su morada —aseveró el joven temeroso.

De pronto, como si hubiera surgido de la nada, apareció una terrible cabeza tan grande y horrible que no es posible describirla.

El joven convicto dio un alarido de terror y trató de escapar, aunque resbalaba en los huesos que estaban esparcidos en la tierra y caía una y otra vez.

—¡Reza conmigo! —le ordenó Román.

Luego se volvió hacia la temible gárgola y, levantando en alto un crucifijo, le dijo:

—¡En el poderoso nombre de Dios, te someto!

La gárgola abrió la boca repleta de filosos dientes y volvió a cerrarla, como si dudara.

El convicto se volvió a mirar lo que ocurría, pues no había escuchado el esperado ruido de los dientes al cerrarse ni los gritos del arzobispo.

Román gritó, entonces, por segunda vez:

—¡En el poderoso nombre de Dios, te someto!

La gárgola cerró la boca y bajó la cabeza, pero de pronto tuvo como un ataque frenético y chilló mostrando sus dientes.

Entonces, Román hizo acopio de toda su fe y dijo por tercera vez:

—¡En el poderoso nombre de Dios, te someto!

La gárgola levantó su garganta y dio un poderoso aullido, como si por allí dejara escapar todo el mal que había en su interior. Luego bajó la cabeza y cerró los ojos, como si se encontrara dormida.

Entonces el muchacho creyó en las palabras de aquel hombre de fe y en el poder de Dios.

—Es muy grande para los cuchillos y las espadas; sólo lograríamos que se enfureciera. ¿Cómo la mataremos, Arzobispo? —preguntó el muchacho acercándose a Román.

—Tenemos que sacarla de aquí.

El hombre se acercó a la terrible gárgola y tomándola de una barba la condujo como una mansa criatura fuera del bosque. Entonces el muchacho creyó aún más que antes. Creyó en la fuerza de las palabras que había pronunciado aquel hombre de fe y en el poder de Dios Padre, del Hijo y del Espíritu Santo.

Una vez que salieron de la foresta, los hombres del pueblo vieron aparecer a Román, al convicto y a la horrible gárgola, que caminaba a paso lento totalmente sometida.

Entonces corrieron a buscar sogas y ataron a la asesina criatura y la cubrieron de leña. Inmediatamente la prendieron fuego y se quedaron allí observándola hasta que se convirtió en cenizas.

Hasta hace algunos años aún se celebraba, en Rouen, la victoria de San Román sobre la terrible gárgola, haciendo un desfile, prendiendo fuego a una imitación de la dragona hecha en papel y concediendo el indulto a algún condenado en prisión.

San Narciso y el Dragón
Leyenda cristiana

Narciso era un fiel y devoto siervo de Dios. Su fe le henchía el corazón con tanta fuerza que no podía evitar bendecir todo cuanto aparecía a su paso y dar las gracias a Dios por cada día de vida.

Dicen que los caminos de Dios son misteriosos. A Narciso esos caminos lo condujeron a Augsburgo y allí se instaló.

El primer día rentó una habitación en una posada y pasó varias horas acondicionándola, para poder realizar en ella sus estudios, sus lecturas de los textos sagrados y rezar sus oraciones; pero, cuando casi ya estaba todo listo, sintió, de pronto, un frío extraño.

Narciso se volvió y se encontró cara a cara con el mismo Diablo, que estaba de pie en medio de la oscuridad que lo rodeaba, donde sólo se destacaba su rostro abominable.

El hombre de fe lo observó por unos instantes y de inmediato comenzó a rezar para sacarlo de allí. Pero el Diablo le dijo:

—Entrégame un alma. Entrégame el alma de alguien a quien sólo yo pueda matar.

—¡*Vade retro*, Satanás! —le respondió Narciso con énfasis.

—No me iré hasta que me des un alma. Éste es el precio por tu estadía en este lugar.

De pronto la iluminación divina irradió la mente del devoto Narciso. Y le preguntó:

—¿Tomarás el alma de quien yo mencione?

El Diablo, envuelto en un halo de oscuridad, sonrió con sus ojos infernales y contestó:

—Así lo haré.

—¿Cómo puedo creerte? ¿Cómo puedo estar seguro? No eres más que un imitador de Dios, un vil mentiroso.

El Diablo pareció entonces enfurecerse de una manera increíble. Sus ojos despedían chispas y la oscuridad que lo envolvía pareció crecer.

—Yo prometo cumplir con mi palabra. Mataré a quien menciones y tomaré su alma para mí.

—¿Sea quien sea? —siguió inquiriendo Narciso para estar completamente seguro.

—Sí, sea quien sea.

Narciso sabía que si él mencionaba el nombre de una persona para que el Diablo la matase y arrebatara su alma, no sólo caería el alma de esa persona sino también la suya propia por haber propiciado que el Diablo se la llevara. También era consciente de que el Diablo sabía esto. Pero Narciso había sido tocado por la iluminación divina y tenía fe en Dios.

Finalmente el hombre de fe habló:

—En los Alpes, en una de sus cimas, existe una vertiente de agua fresca. Los hombres han tallado una fuente a su alrededor para que sea más fácil beber de ella. Allí refrescan su garganta los peregrinos y toda persona que atraviesa tan imponentes montañas.

El Diablo escuchaba pacientemente. Narciso continuó:

—Ahora bien, hace algún tiempo que nadie puede beber de esa agua porque la fuente es custodiada por un terrible dragón negro, de cuerpo escamado y cuernos en su cabeza, que ataca a todo aquel que se acerque. Lo mata inundando su cuerpo del aliento venenoso que mana de su boca y de sus fosas nasales.

El silencio se hizo tangible por unos segundos y cuando el Diablo se estaba por impacientar Narciso habló:

—Quiero que tomes el alma del dragón.

El Diablo lanzó un alarido de furia que resonó en la habitación haciéndola temblar, pero Narciso siguió firme en su decisión y permaneció delante del Maligno ungido por la fe.

—Yo puse ese dragón allí para socavar la fe de los humanos —dijo el Diablo enardecido por la ira.

Narciso había recibido ese mensaje del cielo, aunque también había escuchado a varios peregrinos quejarse de la bestia que custodiaba esa fuente.

—¡Cumple con tu palabra! —lo conminó Narciso con la autoridad de Dios.

El Diablo miró con odio a Narciso y desapareció sin dejar rastro, como si nunca hubiera aparecido.

Pero cumplió con su palabra: al poco tiempo Narciso se enteró de que "el horrible dragón de la fuente" había entrado súbitamente en combustión "como engullido por unas llamas espantosas que parecían venir del averno".

Y entonces Narciso, en silencio, le dio gracias al Señor. Y no sólo por haber liberado la fuente, sino también por haberlo eximido a él del pecado de complicidad con el Diablo.

SANTA MARTA Y LA TARASCA
LEYENDA CRISTIANA

Cuenta la leyenda que Marta, su hermana María y su hermano Lázaro —el amigo de Jesús a quien Él resucitó— tuvieron que huir de su tierra luego de la crucifixión del Hijo de Dios.

Durante muchos días viajaron sufriendo toda clase de vicisitudes, hasta que arribaron a una región llamada Provenza, al sur de la actual Francia.

En una de las aldeas provenzales llamada Tarascón se detuvieron a descansar un rato bajo unos árboles. Y cuando ya se disponían a continuar el viaje, vieron venir corriendo hacia ellos a unos aldeanos que, casi sin saludarlos, les dijeron que no siguieran avanzando hacia el río Ródano, pues una terrible dragona habitaba en sus orillas.

—Es un engendro de los infiernos que siembra el terror en toda la región.

Pronto las gentes comenzaron a juntarse y a aportar más datos cruciales:

—Mata a todo aquel que transita el camino que une Arlés con Aviñón.

—¡Los devora vivos!

—O los agarra con sus dientes por una pierna o un brazo y los ahoga en las aguas del Ródano hasta que sus cuerpos se pudren y recién en ese momento se los come.

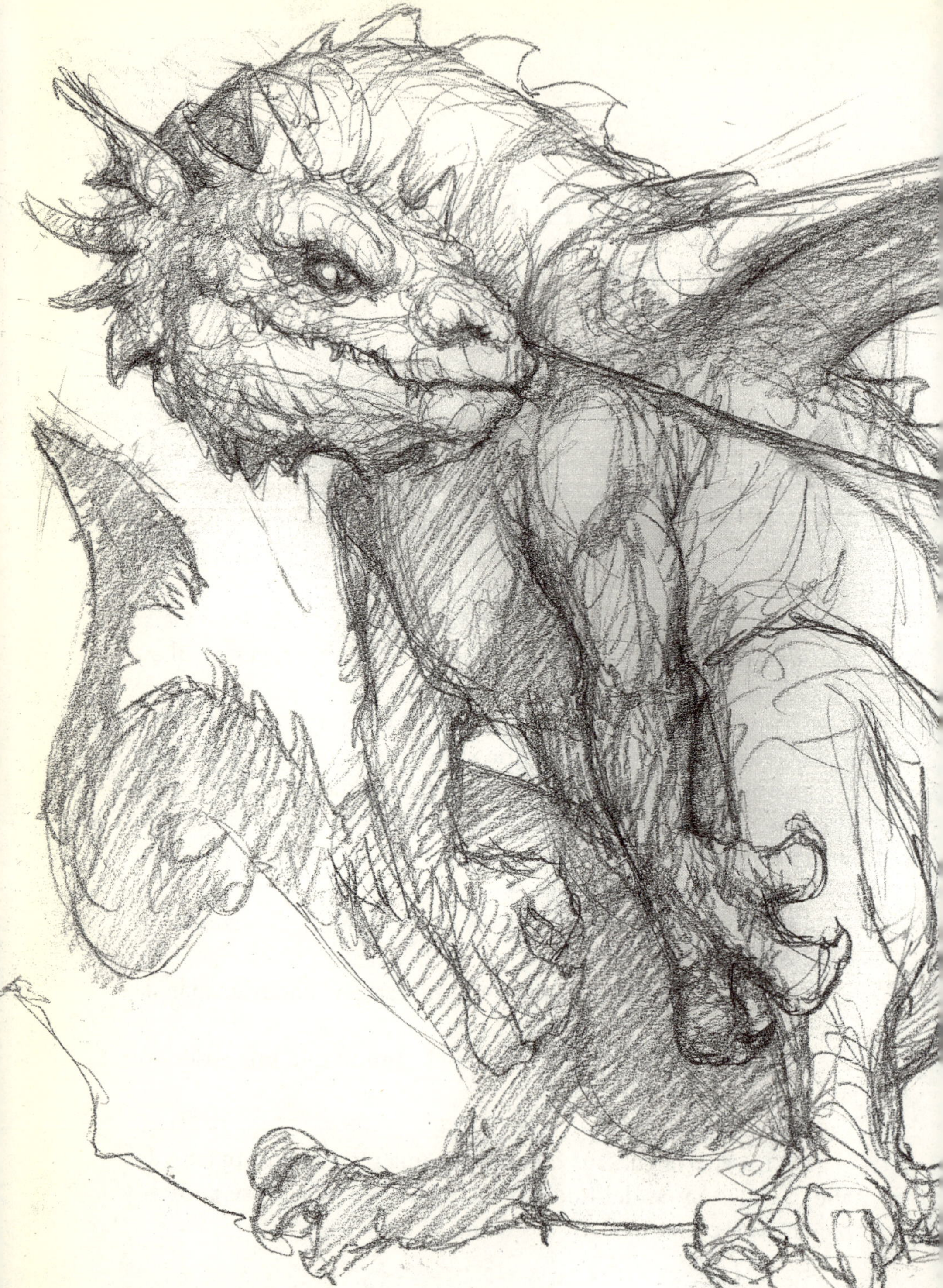

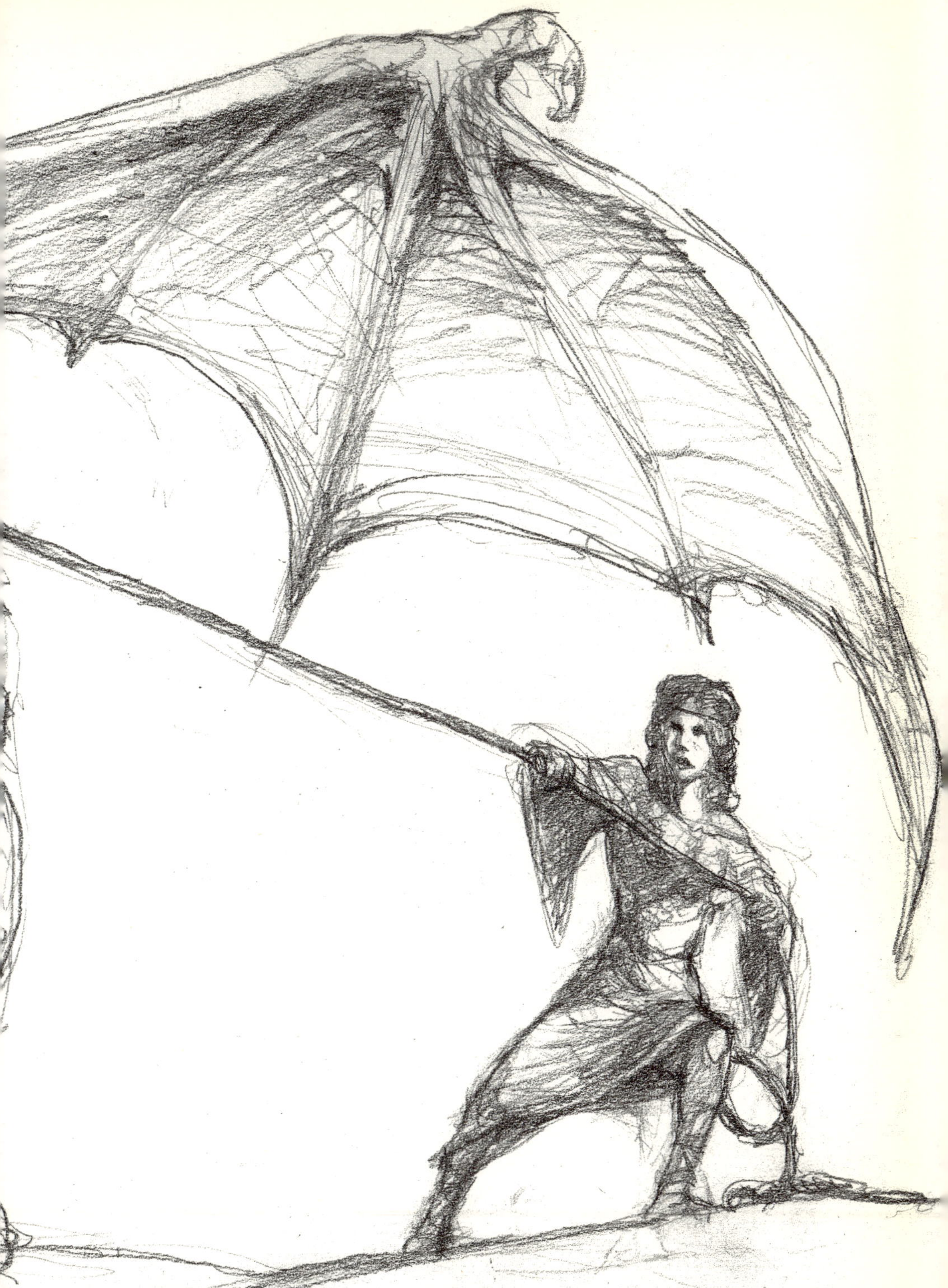

—"La Tarasca", así se llama la dragona: "¡la Tarasca!".*

—Hasta hace poco sólo ella misma se proveía de víctimas para alimentarse... ¡Pero ahora ha empezado a exigirnos a nosotros que se las sirvamos en la puerta de su cueva!

—¡Sí, es horrible! Ahora exige sacrificios humanos: todos los días una persona joven, hombre o mujer, le debe ser entregada para que la devore viva...

—¡Y si no cumplimos nos ha amenazado con venir a instalarse en la plaza principal hasta devorarnos a uno por uno, desde los más viejos hasta los recién nacidos!

—Y no sólo a los pobladores de Tarascón, sino a todos los de los alrededores. ¡Estamos muertos de miedo y casi no nos atrevemos a salir de nuestras casas!

Y tanto pero tanto se siguieron quejando de la dragona los aterrados pobladores de ese pequeño lugar de Provenza, que Marta se conmovió y se hizo el firme propósito de ir a enfrentarse con esa bestia.

Por lo tanto, una vez instalados los tres hermanos en una posada —convencidos de la inconveniencia de proseguir viaje—, y cuando ya María y Lázaro se habían ido a descansar de tan fatigosas jornadas y también el posadero y su familia se encontraban durmiendo, ella salió sola, sin hacer ruido ni encender vela alguna, y se dirigió hacia el paraje donde habían dicho que moraba la dragona.

Marta marchaba con la decidida intención de acabar con el cruel reinado de esta criatura infernal y con una única arma: su fe.

Alumbrado el trayecto por la intensa luminosidad de la luna llena, ella iba rezando en silencio, mientras su puño derecho encerraba un objeto y lo mantenía apretado contra su pecho.

Y la santa y valiente mujer llegó, al fin, hasta las orillas del Ródano, de cuyas aguas ondulantes parecían emerger puntas de cristales de luna. Se detuvo a respirar profundamente y luego giró la

---

* En francés, *tarasque*.

cabeza hacia la izquierda. A pocos metros de donde se hallaba vio una gran caverna excavada en un roquedal y no dudó de que se trataba del habitáculo del monstruo. Entonces se acercó a la entrada, con precaución, y de a poco se fue internando en la opresiva oscuridad de la caverna, teniendo sólo al Divino Maestro como guía y luz.

Luego de avanzar unos pasos vio que un rayo lunar atravesaba una grieta del techo de piedra. Bajo el haz luminoso y polvoriento que se producía en medio de la negrura, Marta descubrió a la criatura más monstruosa que jamás había visto en la vigilia ni en la pesadilla más atroz de su vida.

El cuerpo era semiesférico, plagado de lacerantes puntas, y estaba cubierto por un caparazón escamoso y duro, que remataba en una cresta de aguzadas agujas. Su cabeza parecía la de una persona, aunque deformada por su gigantesca boca de la que surgían docenas de aterradores colmillos.

La bestia se hallaba devorando los restos de una víctima de su crueldad. Por el estado de putrefacción de esa carne hinchada y violácea Marta supuso que sería el cadáver de algún desprevenido viajero a quien la Tarasca habría sorprendido y luego ahogado en las aguas hasta su descomposición, tal como habían contado los aldeanos que le apetecía hacer, para luego engullírselo.

La Tarasca, antes de descubrir la figura de la intrusa, la olfateó. De inmediato, dejó de comer y levantó la cabeza para enfocar sus ojos hacia la procedencia de ese –para ella– siempre exquisito y tentador olor de humanos vivos. Y acostumbrada a ver en la oscuridad, la descubrió, menuda e inerme, parada en el medio de la caverna. Entonces le clavó sus ojos furiosos y la miró varias veces de arriba abajo como sin comprender qué hacía ese frágil cuerpo de mujer allí. Y, de pronto, abandonando su repugnante cena, lanzó un rugido y comenzó a avanzar hacia Marta, con sus seis patas cortas que remataban en espantosas garras, mientras agitaba su cola fina como un látigo.

La joven sintió un profundo miedo en su corazón cuando la bestia apuró el paso, pero ella se puso a orar el Padrenuestro que Jesús les había legado, apretó más aún el pequeño frasco destapado que llevaba en su mano y empezó a recuperar el ánimo y sus reflejos físicos. Y justo en el momento en que iba a ser engullida por aquellas inmundas fauces, exclamó con la fuerza de su fe: "Jesús, ¡amánsala!", y tras estas palabras extendió su brazo derecho y arrojó a la cara de la bestia el agua bendita que contenía el frasco encerrado en su puño.

La Tarasca se retorció como si fuera ácido y, por primera vez, retrocedió asustada.

La devota y valiente mujer avanzó más y más, siempre esparciendo agua bendita hasta vaciar el frasco. Y cuando la bestia, arrinconada en el fondo de su cueva, se percató de que ya no tenía escapatoria, bajó la cabeza sumisa, como un corderito y se aquietó.

Marta no perdió tiempo y desanudando el lazo de su cintura, lo pasó por la cabeza de la monstruosa criatura y así la sacó de la caverna.

Y la llevó caminando del lazo como a una mansa criatura, hasta que cerca de la ciudad de Arlés, unos hombres, que se dirigían a sus faenas campesinas y venían marchando en sentido contrario, divisaron a esa insólita e inconcebible "pareja". Entonces, en medio de la mayor extrañeza, avanzaron corriendo, cercaron a la Tarasca y allí mismo la mataron con sus herramientas de labranza. Luego dieron infinitas gracias a Dios. Y, desde luego, también a Marta, a quien ya consideraban una benefactora que acababa de producir un verdadero milagro ante sus ojos.

Todavía hoy se recuerda el acto de fe y justicia de Marta, luego declarada santa por la Iglesia Católica Apostólica Romana. Y todos los 29 de julio se realiza una fiesta en Arlés, donde se representa este episodio, para que todos tengan siempre presente, generación tras generación, esta hazaña producto de la fe de Santa Marta.

SANTA MARGARITA Y EL DRAGÓN
Leyenda cristiana

Cuenta la leyenda que alrededor del año 300 de Nuestra Era vivía en Antioquía (en ese entonces floreciente capital de Siria en poder de los romanos) una santa y virgen mujer llamada Margarita.

Durante la persecución a los cristianos bajo el emperador Diocleciano, Margarita fue apresada y encerrada en una mazmorra por haberse negado a casarse con el gobernador romano, prefecto de la ciudad de Antioquía.

La tortura no se hizo esperar, pero la joven y devota mujer no abjuró en ningún momento de su fe cristiana. Cuanto mayor era el tormento que le aplicaban, mayor era la pasión con la que se aferraba a su fe, pues Dios estaba en su pensamiento y en su corazón.

Una noche, luego de que los torturadores hicieran su cruel y rutinario trabajo, la abandonaron como a una bolsa de huesos en un rincón de la mazmorra y la dejaron sola y encerrada bajo llave, como siempre.

La joven Margarita comenzó a rezar, para tratar de elevar su espíritu y distraer su mente del inmenso dolor del cuerpo, que siempre la acosaba, aun después de transcurridas varias horas de la sesión de tortura.

De pronto algo le llamó la atención: el silencio era absoluto.

Se acercó, con sus piernas débiles y martirizadas, a la puerta por donde habían partido los torturadores para intentar escuchar alguna voz o algún sonido.

Nada. El más absoluto silencio: ni una ráfaga de viento, ni un lamento de los demás reclusos, ni una pisada en el pasillo...

Margarita se volvió y el corazón casi le dio un vuelco cuando se encontró con un gigantesco dragón negro. Allí, sí, allí mismo, dentro de la estrecha mazmorra. Su cuerpo enorme la ocupaba toda.

Su cabeza estaba coronada por dos negros y gigantescos cuernos retorcidos y era estirada hacia adelante. Filosos y aterradores colmillos surgían de su boca horrenda. Sus alas eran como la de los murciélagos y su cuerpo estaba cubierto de escamas como el de las víboras. Su piel emanaba un hedor nauseabundo. Y sus ojos... ¡sus ojos eran lo peor! y su mirada era algo insoportable de ver.

Y de pronto el dragón le habló:

—Soy el Diablo y he venido a rescatarte. Sólo tienes que pedírmelo. Deja de rezarle a Él, no te responderá. Pierdes el tiempo. Piénsalo un momento: si no salvó a su propio hijo, ¿por qué habría de salvarte a ti? Si me pides a mí, yo te concederé lo que desees.

Margarita retrocedió como pudo hasta pegar su espalda a la pared.

—¿Quieres salir de aquí? ¡Pídemelo!, ¡ruégame que te saque de aquí y lo haré ya mismo!

La joven estaba maltrecha y no le restaban fuerzas físicas para resistir, ni tampoco tenía lugar en la mazmorra como para seguir alejándose del Diablo, pero su fe era inconmovible, y el hecho de que el Maligno se apareciera ante ella para tentarla, la reafirmaba aún más.

—¡Nunca! ¡Nunca te pediré nada, Satanás! Soy una sierva de Dios.

El Diablo abrió las fauces y le gritó con toda la furia del averno y luego insistió con su propuesta, pero la joven santa se mantuvo firme en su primera respuesta.

Entonces, al ver que la muchacha persistía en su negativa, el Diablo abrió sus fauces y la engulló viva de un solo bocado.

La joven se encontró en la más completa oscuridad, bañada en la sangre densa y tóxica del dragón y casi sin poder respirar por el hedor que surgía de las entrañas de la bestia. Pero a pesar de todo la joven Margarita siguió firme en su fe. No se dejó vencer ni por el miedo, ni por el dolor, ni el asco, y con toda la fuerza de lo que su fe era capaz, hizo la Señal de la Cruz y clamó:

–Dios Todopoderoso: ¡Líbrame del Mal!

Y en cuanto terminó su clamor, en la oscuridad más profunda de ese infierno bestial, el estómago del dragón reventó y Margarita cayó al suelo viva y con su alma sana y salva.

SAN JORGE Y EL DRAGÓN

LEYENDA INGLESA

Cuenta la leyenda* que, luego de combatir a las tropas heréticas en la región que hoy se conoce con el nombre de Libia, el valeroso caballero llamado Jorge llegó a las tierras de un rey que estaba sumido en una honda agonía, pues cada atardecer debía entregar a una joven o a un niño en sacrificio para que un terrible dragón los devorara.

Hacía ya mucho tiempo que el abominable dragón venía cada tarde a reclamar su víctima. Después, los cielos se teñían de rojo como si lloraran lágrimas de sangre y la bestia engullía a la persona viva. Luego se retiraba y desaparecía en la oscuridad de la noche.

Para poder elegir a la víctima con total justicia, el rey había organizado un sorteo en el cual todos los nombres de las jóvenes y niños eran escritos a fuego en astillas de madera y luego se colocaban éstas en un gran recipiente de metal. El rey en persona era el encargado de meter su mano derecha en dicho recipiente para escoger, al azar, el nombre del desdichado que sería engullido por el maléfico dragón.

---

* Son muchos los países que se atribuyen la "verdadera" historia de San Jorge: Italia, España, Francia, Alemania, etc. He decidido denominarla leyenda "inglesa", porque Inglaterra fue el país que convirtió a San Jorge en su patrono. (El lector interesado puede leer otra versión de esta misma historia en *El Mágico Mundo de los Dragones* del mismo autor y de la misma editorial. [N.de E.].)

Pero una vez sucedió que, en uno de esos nefastos sorteos, el monarca sacó la astilla con el nombre que él nunca hubiera querido extraer. La angustia golpeó su corazón y pareció hacerse viejo de repente cuando, habiendo alzando su mano, leyó el nombre de la persona que más amaba en el mundo entero: Elya.

La joven y hermosa princesa –la única hija del rey–, al escuchar su nombre, trató de esconder sus lágrimas, pero éstas brotaron de sus ojos como el agua de la vertiente de su apesadumbrado corazón.

El rey estaba como petrificado, no sabía qué hacer, pues no podía contradecir la ley que él mismo había sancionado, pero tampoco quería que su pobre hija fuera devorada viva por la maldita bestia.

La angustia y el pesar ya se habían apoderado de todos y cada uno de los habitantes de aquel reino –que vivían en un duelo constante porque muchos ya habían perdido a sus propios hijos–, pero perder a la princesa era como si perdieran el último aliento, la última esperanza en un milagro.

El monarca se derrumbó en el podio y los cortesanos lo tuvieron que socorrer y lo trasladaron a sus aposentos. De repente, las fiebres y el delirio colmaron su cuerpo y su alma, víctimas ambos de un intenso dolor.

El senescal hizo entonces su aparición y realizó los preparativos para que la joven princesa fuera llevada al sacrificio.

Mientras la doncella real lloraba por su reino, por su padre y por su propia vida a punto de perderla de la peor manera, era vestida por sus damas de honor —en medio de llantos y suspiros acongojados de todas ellas— con los más ricos vestidos, como si se tratara de una novia que llevarían al altar para contraer santo matrimonio.

Cuando la princesa estaba ya adecuadamente ataviada, la escoltaron hasta el lugar donde haría su aparición el terrible dragón.

Los soldados, mudos, apesadumbrados y cobardes, dejaron a la princesa y se retiraron con premura, pues ninguno de ellos tuvo el coraje de quedarse a esperar al dragón.

Elya quedó sola, muerta de miedo y de angustia, mirando a los soldados en retirada que se recortaban sobre el crepúsculo.

Era el atardecer. La hora de la muerte se acercaba...

Mientras tanto, un caballero, montado en un hermoso caballo blanco como la nieve pura y que venía cabalgando hacia el lugar del sacrificio (ignorando que lo era), pudo ver, de lejos, que una mujer era abandonada por los soldados del rey en paraje tan solitario.

Intrigado, al cruzarse con ellos, el caballero detuvo su andar, y le preguntó a uno de los soldados:

—¿Qué es lo que aquí ocurre? —con firmeza en su voz.

—La princesa Elya ha sido elegida en el sorteo, según la ley de este reino, y aquí esperará la muerte a manos de un dragón que exige el sacrificio de niños y doncellas cada atardecer.

—¿Cómo permiten un acto tan atroz? —volvió a preguntar con voz firme como si fuera una demanda.

—Si no lo hiciéramos, el dragón devastaría todo el reino y nadie quedaría vivo.

—¡Yo le haré frente a ese dragón! —repuso él sin un ápice de temblor en su voz.

—Pues... ¡que Dios lo bendiga, noble caballero! ¿Cuál es su nombre?

—Mi nombre es Jorge y soy nada más y nada menos que un simple caballero, pero mi fe en Dios es más grande que mi nombre, mi lanza o mi escudo. A Él me encomendaré y por Él venceré.

De pronto, el cielo se puso rojo como la sangre. Señal de la inminente aparición del dragón.

Los soldados comenzaron a huir despavoridos. Y la bestia, surgida de golpe como de la nada, empezó a avanzar lentamente, desde el final del camino real hacia el lugar del sacrificio, como saboreando por anticipado el cuerpo de la joven que pronto engulliría.

Jorge pudo observar a la monstruosa criatura cuando la tuvo más cerca: era extremadamente alta, su cuerpo estaba cubierto de escamas a manera de armadura, de su lomo surgían dos alas como de demonio y se movilizaba en cuatro patas que terminaban en feroces garras. De su inmunda boca surgían colmillos filosos como espadas y su cabeza estaba coronada por cuernos. "Los cuernos del Maligno" —pensó Jorge y se persignó.

El dragón, ya de lejos, había olfateado la presencia de un adulto humano y al ir acercándose, divisó a un gallardo caballero, erguido en la montura de su brioso corcel, y que portaba una armadura plateada, una larga lanza y un escudo blanco con una cruz roja en el centro.

Inmediatamente el dragón se percató de que a esta víctima no lograría devorarla sin antes pelear a muerte con ella, y entonces emitió un aullido aterrador.

Jorge, a su vez, rezó una plegaria:

—Dios Padre Todopoderoso, dame la fuerza necesaria para vencer a esta maléfica criatura.

Y sin esperar un momento más se lanzó al galope con la lanza en ristre.

Los cascos del caballo blanco levantaron terrones de tierra del tamaño de un hombre y una polvareda semejante a la de un ciclón.

El gigantesco dragón agitó la cola enfurecido y sus ojos se convirtieron en una línea delgada por la que arrojaba todo el mal de su interior.

El caballero tensó sus músculos.

Por su parte, la bestia –que era muy diestra y rápida a pesar de su aspecto gigantesco– se lanzó velozmente contra el Caballero de Dios.

Jorge también atacó. Y ambos contendientes se lanzaron a la lucha con todo su cuerpo, su alma y su fuego interior.

La tierra pareció temblar ante el choque de ambos. El valiente guerrero mantenía con fuerza la lanza en su mano y logró atravesar la armadura de escamas de la bestia, pero ésta se retorció como una serpiente. Era tanta la resistencia que oponía el dragón, que la lanza crujió y se partió con un ruido seco.

Desde lejos, la princesa, por su parte, observaba la batalla estupefacta y temblorosa al mismo tiempo, mientras rezaba a Dios, sin cesar, para que el caballero se alzara con el triunfo definitivo.

Entonces el dragón se alejó unos metros, aún retorciéndose. El caballero sabía que no debía darle tregua, pues la lucha contra el Mal no debe detenerse nunca. Desenfundó su espada, que brillaba con los últimos rayos del sol, y se lanzó con renovada fuerza al ataque decisivo.

El pérfido dragón lanzó una nube de veneno por sus fauces de afilados dientes y e intentó morder al Caballero de Dios, pero Jorge fue más rápido y de un sablazo hundió todo el filo de su espada en la cabeza de la bestia que se derrumbó en tierra con un gran estrépito.

Las patas del dragón intentaron flexionarse para poner a su dueño nuevamente de pie mientras la sangre negra, como las inmundas aguas de un pantano, manaba de sus heridas.

El noble caballero, entre tanto, desmontó de su caballo, se acercó corriendo a la princesa y le dijo:

—¡Pronto, dame el lazo que sujeta tu cintura!

Ella lo desató con premura y se lo entregó al guerrero, que regresó velozmente a retomar el combate al ver que la bestia, tras varios intentos fallidos, al fin había logrado ponerse de pie.

Jorge montó de un salto sobre su caballo e hizo un lazo, con rapidez y destreza admirables, y de inmediato lo pasó por la cornuda cabeza del dragón que, de pronto, se volvió sumiso como un cordero asustado.

El caballero volvió su rostro hacia la doncella real y le dijo con voz firme y segura:

—¡Adiós, princesa! ¡Que Dios bendiga todos los días de tu larga vida!

Y montando sobre su brioso corcel blanco se alejó al galope, llevándose al dragón como a una mansa criatura.

BIBLIOGRAFÍA

Barber, Richards y Riches, Anne, *Dictionary of Fabulous Beasts*, Boydell Press, Woodbridge, Reino Unido, 1971.

Caudet Yarza, Francisco, *Leyendas de Cataluña*, D. M., España, 1994.

Clark, Ann, *Beasts and Baedy. A Book of Fabulous and Fantastical Beasts*, Taplinger, Nueva York, 1975.

Comte, Fernand, *Las Grandes Figuras Mitológicas*, Alianza Editorial, Madrid, 1994.

Frazer, James George, *La Rama Dorada,* Fondo de Cultura Económica, México, 1994.

Graves, Robert, *Los Mitos Griegos*, Alianza Editorial, Madrid, 1998.

Izzi, Massimo, *Diccionario Ilustrado de los Monstruos*, José J. De Olañeta Editor, Barcelona, 2000.

Joyce, P. W., *Old Celtic Romances*, Nutt, Londres, 1894.

Kennedy, Patrick, *Legendary Fictions of the Irish Celts*, Macmillan, Londres, 1890.

Kronzek, Allan Zola y Kronzek, Elizabeth, *Diccionario del Mago*, Ediciones B - Grupo Z, Barcelona, 2001.

Mc Namme, Gregory, *The Serpent´s Tale. Snakes in folklore and Literature*, The University of Georgia Press, Athens, EE.UU., 2000.

MEDRANO, Antonio, *La Lucha con el Dragón*, Yatay, Madrid, 1999.

NIGG, Joseph, *The Book of Fabulous Beasts: A Treasury of Writings from Ancient Times to the Present*, Oxford University Press, Nueva York, 1999.

SAIZ, Elvira, *El Libro de los Dragones y Otras Bestias Fantásticas*, Ediciones B, Hong Kong, 1998.

SANT, Montse, *El Gran Libro del Dragón*, Timun Mas, Barcelona, 1991.

STURLUSON, Snorri, *Textos Mitológicos de las Eddas*, Ediciones Miraguano, Madrid, 1998 (2da. edición).

TROYES, Chretien de, *Arthurian Romances*, W. W. Confort, Dent, 1903.

VASTAG, Odín, *Leyendas Nórdicas*, D. M., España, 1996.

WHYTE, T. H., *The Book of Beasts: Being a Translation from The Latin Bestiary of the Twelfth Century*, Dover, Nueva York, 1984.

De nuestro sello editorial

CUENTOS DE UNICORNIOS
Relatos Mágicos y Maravillosos

Cristina Cambareri

128 páginas
15,5 x 23 cm
ISBN: 950-754-125-X

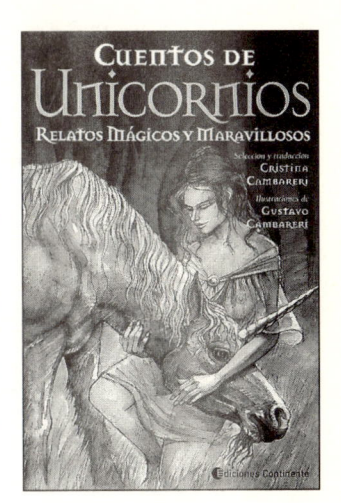

La verdad acerca de los unicornios está silenciada por el misterio. Es que estos seres son elusivos en el mundo cotidiano: no se descubren en los rincones, ni se los encuentra en un cruce de caminos. Los rumores más variados abundan, pero raramente nos han mostrado más que un pequeño vislumbre de estas maravillosas criaturas.

Este libro nos muestra sus historias, llenas del espíritu fantástico que las envuelve desde siempre. Nos lleva a un mundo donde la magia y los sueños se vuelven realidad. Cada cuento de esta selección descubre las distintas culturas y tierras donde se los ha visto, venerado o perseguido, y al mismo tiempo relata las aventuras de valientes seres que han tenido un unicornio como compañero.

Para el que busca con espíritu libre y verdadero, el camino hacia la tierra de los unicornios está abierto. Porque ellos vagan libres, en lugares donde el hombre falto de fe no puede verlos, donde no existe la soberbia o el egoísmo. Esta es la oportunidad para descubrir en tu corazón el sendero hacia su mágico mundo.

Otros títulos de nuestra editorial

LOS CELTAS
Magia, mitos y tradición
Roberto Rosaspini Reynolds

HISTORIA Y LEYENDA DEL REY ARTURO
Y sus caballeros de la Mesa Redonda
Roberto Rosaspini Reynolds

CUENTOS DE HADAS CELTAS
*Gnomos, elfos y otras
criaturas mágicas*
Roberto Rosaspini Reynolds

HADAS, DUENDES
Y otros seres mágicos celtas
Roberto Rosaspini Reynolds

EL DRUIDA
*En busca de las siete llaves de
la sabiduría celta*
Esteban Ierardo

CUENTOS CELTAS
Relatos mágicos de hadas y duendes
Roberto Rosaspini Reynolds

MITOS Y LEYENDAS CELTAS
Roberto Rosaspini Reynolds

CUENTOS Y LEYENDAS ARGENTINOS
Roberto Rosaspini Reynolds

**CUENTOS, MITOS Y
LEYENDAS PATAGÓNICOS**
Nahuel Montes

MAGIA CELTA
Roberto Rosaspini Reynolds

CUENTOS DE HADAS IRLANDESES
*Leyendas celtas de duendes,
elfos y aparecidos*
Roberto Rosaspini Reynolds

EL CABALLERO ASTRÓLOGO
La magia medieval y el culto a las estrellas
Esteban Ierardo

CUENTOS Y LEYENDAS DEL ALTIPLANO
Antonio Saravia

CUENTOS Y LEYENDAS DEL LITORAL
Wolko Lagos

SANTOS Y HEREJES
*Desde el cristianismo primitivo
a la numerología de la cábala*
Roque de Pedro – Nora Benítez

CUENTOS MÁGICOS IRLANDESES
Relatos celtas de hadas y duendes
Roberto Rosaspini Reynolds

CUENTOS DE DUENDES
Relatos mágicos celtas
Roberto Rosaspini Reynolds –
Máximo Morales

CUENTOS DE BRUJAS
Relatos mágicos medievales
Máximo Morales

CUENTOS DE VAMPIROS
Relatos de sangre y misterio
Néstor Barron

CUENTOS DE LA BIBLIA
Historias de ayer con miradas de hoy
Luis M. Kancepolsky

CUENTOS DEL IMPENETRABLE
Roberto Rosaspini Reynolds

EL MÁGICO MUNDO DE LAS HADAS
Roberto Rosaspini Reynolds – Ilustraciones
de Fernando Molinari

EL MÁGICO MUNDO DE LOS DUENDES
Roberto Rosaspini Reynolds – Ilustraciones
de Fernando Molinari

EL MÁGICO MUNDO DE LAS BRUJAS
Roberto Rosaspini Reynolds –
Máximo Morales – Ilustraciones
de Fernando Molinari

EL MÁGICO MUNDO DE LOS MAGOS
Máximo Morales – Ilustraciones
de Fernando Molinari

EL MÁGICO MUNDO DE LOS VAMPIROS
Néstor Barron – Ilustraciones
de Fernando Molinari

**EL MÁGICO MUNDO DE
LOS UNICORNIOS**
Cristina Cambareri – Ilustraciones
de Alejandro Ravassi